LA MÚSICA DE LAS LETRAS

LA MÚSICA DE LAS LETRAS

Fernando Savater

sello EDITORIAL

Diseño de la cubierta: Eva Olaya
Tipografía de la cubierta: Antoni Argilés i Solà
Fotografías: Sara Torres

1.ª edición: octubre 2010

Passeig de Gràcia, 118, pral.
08008 Barcelona
www.selloeditorial.com

ISBN: 978-84-937580-9-7

Depósito legal: M-36.972-2010
Impreso en España
2010. - Artes Gráficas Cofás, SA
Polígono Industrial Prado de Regordoño
Juan de la Cierva, 58
28936 Móstoles (Madrid)

Para Jose Luis Castillejo:
ahora sí, con todas las letras

«Es absurdo tener una regla rigurosa
sobre lo que debe o no leerse.
Más de la mitad de la cultura intelectual
moderna depende de lo que no debía leerse.»

Oscar Wilde

*«La plupart des livres d'à présent
ont l'air d'avoir été faits en un jour
avec des livres lus de la veille.»*

Chamfort

PRESENTACIÓN

> «La modesta tarea del escritor quizá sea, a fin de cuentas, la más importante: *la transmisión de lo leído.*»
>
> ELIAS CANETTI

Esta recopilación de notas sobre libros y escritores responde a lo que según George Steiner debe motivar a la buena crítica literaria: una deuda de amor. Por lo tanto, todas las numerosas admiraciones que constan en él son sustanciales mientras que las escasas animadversiones —si es que las hay— son meramente circunstanciales. El desdén y la censura en que tanto se refocilan las menguadas «fieras» que acuden a la literatura como las moscas al estercolero me parecen pérdidas de tiempo, más aburridas que indignantes. Me limito a dar de lado lo que no me gusta, pero sin flagelar inquisitorialmente los placeres de otros. A quien tenga curiosidad por saber cuales son los autores, temas o incluso géneros literarios que no están hechos para mí, le bastará comprobar las ausencias en el amplio índice de esta obra para adivinarlo. Corresponden, por cierto, a autores, temas y géneros muy celebrados por mis contemporáneos...

Sin embargo, propiamente hablando, tampoco creo que estos ejercicios puedan ser considerados como crítica literaria. Son comentarios casuales, notas a pie de página, reflexiones escritas al margen de pasajes sugestivos: testimonios personales del júbilo de leer. No pretenden sentar cátedra ni desentrañar de una vez por todas los misterios que he gozado. Aparecieron por primera vez casi siempre en publicaciones periodísticas, no especializadas, y en muchas ocasiones solo quisieron alertar al público general de algo que merecía la pena disfrutar y que corría peligro de ser pasado por alto.

Más que con cánones establecidos de una vez por todas, en los que no creo, estas notas se refieren al impacto que me han causado ciertas lecturas: son una especie de diario intelectual, no una preceptiva. Mi vida ha sido de un estilo no solo periclitado sino ya casi incomprensible, porque sus acontecimientos mayores no fueron revoluciones o amoríos sino el hallazgo de ciertos libros y el descubrimiento de unos cuantos autores. Solo ciertas carreras de caballos pueden competir en mi memoria con la emoción intensa de esas invenciones. Por descontado, nada de lo que he podido escribir cuenta tanto para mí. La delicia es leer, escribir constituye solo una tarea, en el mejor de los casos mero homenaje a lo que causó placer y en el peor un ganapán (de igual modo lo que hace disfrutar es el banquete, no cocinar).

Aunque pálidamente, al trasluz, al rememorar por escrito lo leído, paladearlo intelectualmente y apurar su jugo, volvió algo del gozo primigenio y de su incomparable libertad. Es mi recompensa. Si otros lectores ahora, en la complicidad de estas páginas, comparten algo de ese júbilo... bueno, supongo que merezco al menos que beban una copa a mi salud.

AGUIRRE O LA AMABILIDAD DE DIOS

En algún sitio escribe Borges: «Antes de haber escrito una línea, yo supe que mi destino sería literario». Puedo asegurar que a mí me pasó lo mismo, aunque desdichadamente luego mis logros hayan sido tan minúsculos comparados con los suyos. Desde niño, cuando me preguntaban que iba a ser de mayor, respondía confiado e iluso: «escritor». Por la misma razón que otros en tal ocasión responden «bombero» o «futbolista»: por admiración a quienes creemos que llevan una vida milagrosamente apasionante, la única vida deseable para un niño... y para un adulto. Todos mis héroes eran los de los libros que leía sin cesar y más que ninguno de ellos quienes escribían sus aventuras: Emilio Salgari, R. L. Stevenson, Julio Verne, Conan Doyle...

Cumplí veinte años y mis obras completas eran muchas redacciones escolares celebradas por benditos maestros, novelitas infames ambientadas en la India o en el Oeste americano que ilustraba con recortes de tebeos y finalmente varios panfletos subversivos de tinte ácrata que se repartieron entre (o se arrojaron desde prudente altura sobre) mis compañeros de la Facultad de Filosofía de Madrid. Pero no era suficiente. Como otros a mi edad, sentía impaciencia porque se me tributase el debido reconocimiento por los libros que aún no había escrito pero que estaba seguro de escribir. Y decidí empezar por la más difícil, es decir por encontrar editor para alguno de esos nonatos que aguardaban su momento de gloria.

Siempre he tenido la absurda convicción de que todo es posible pero tamizada por la prudente decisión de procurar realizarlo sin grandes desplazamientos. De modo que me puse a buscar a mi futuro editor por los aledaños del domicilio familiar. Para empezar, me puse en contacto por medio de conocidos con Alberto Míguez, un periodista del diario *Madrid* cuya sede estaba a dos manzanas de mi portal (pocos años más tarde contemplé la voladura controlada del edificio del *Madrid* desde el balcón de mi apartamento de General Pardiñas, victoria efímera del moribundo franquismo contra la libertad de expresión). Le pregunté por posibles editoriales para mi inexistente libro que ya daba por escrito y él me habló de la casa Taurus, que tenía su sede en un chalet de la plaza de Salamanca por la cual yo había pasado mil veces, yendo o viniendo del colegio del Pilar. Su director era Jesús Aguirre, un cura de formación germánica muy inteligente pero con reputación de propenso a la displicencia y al sarcasmo demoledor, sobre todo con los principiantes. Con optimismo suicida me dije: «éste es mi hombre». Y además, a cuatro pasos...

De modo que me presenté en Taurus y ante el temible Aguirre con la misma serena confianza de quien va a hacer un favor con que Dante hubiera podido llegar ante Aldo Manucio para ofrecerle la *Divina Comedia* si la cronología le hubiera sido más favorable. En otro lugar (*Mira por dónde*, ed. Taurus) he contado con mas detalle nuestro primer encuentro: baste decir ahora que nadie ha sido nunca más acogedor ni generoso conmigo que aquel supuesto dragón despiadado de la edición española. Primero le propuse una supuesta obra sobre el pensamiento del entonces casi perfectamente desconocido E. M. Cioran. Con paciente contundencia, Aguirre argumentó que un libro sobre alguien casi ignoto escrito por otro aún menos notorio era de poco atractivo para el lector. Repuse sobre la marcha que mi novedad no trataba exclusivamente de Cioran sino, a partir de él, de otras mil cosas actuales y punzantes. Por fortuna, no me preguntó cuáles y se limitó a pedirme el manuscrito. Le dije que necesitaba un par de semanas para darle el último pulido y me fijó cita para quince días después.

En ese plazo escribí *Nihilismo y acción*, mi primer libro, el único imprescindible y vocacional, el que más me hizo palpitar el corazón ver publicado. Lo reunía todo: erudición infantil, rebelión ingenua contra el universo, antiteología de andar por casa, sobresaltos irónicos, confianza ciega en que lo mejor estaba a punto de llegar entre la niebla y las sirenas de la policía. Una pieza perfecta de lo que el corazón puede dictar a una cabeza llena de tumulto, rematada por un elogio de *Moby Dick*, mi novela emblemática y siempre preferida. Irrepetible... por suerte y por desgracia: como la juventud. No soy el padre, sino el hijo de ese librito: y de Jesús Aguirre, que lo aceptó.

A FAVOR DE LA FILOSOFÍA

Sin duda hoy la filosofía no es la chica más guapa de la clase ni tampoco la más popular. Pierde horas en los planes de estudio y para colmo se la empareja en algunos cursos con Ciudadanía, lo cual es el mejor modo de fastidiar por igual ambas materias. Yo creo que uno de los problemas principales del estudio de la filosofía es lograr entender de qué va o, mejor, cogerle la gracia: como los chistes. No es tan fácil. Isaiah Berlin empezó su vida académica como filósofo (era uno de los discípulos predilectos de Wittgenstein) pero luego dejó este primer amor para dedicarse a la historia de las ideas; cuando se le preguntó por las razones de tal cambio, repuso: «es que quiero estudiar algo de lo que al final pueda saber más que al principio». En efecto, la filosofía trata de cuestiones no instrumentales —como las que se plantea la ciencia— y que por tanto nunca pueden ser definitivamente solventadas: sus respuestas ayudan a convivir con las preguntas, pero nunca las cancelan. De ahí que quienes aconsejan con impaciencia a los filósofos acogerse a la psicología evolutiva o a las neurociencias, sencillamente no entienden el chiste ni ven la gracia al asunto. Como bien indica Giacomo Marramao en *Kairós* (ed. Gedisa), «las interrogaciones filosóficas se sirven de la *experiencia* y no del *experimento* y por ello solo pueden utilizarse en los símbolos, metáforas, palabras clave con los cuales intentamos conocer la realidad en que vivimos».

Quizá la mejor caracterización de la inquietud filosófica es señalar que se ocupa de «las interrogaciones que a todos nos conciernen», no en cuanto preocupados por tal o cual sector del conocimiento sino en lo que toca a nuestro común oficio de vivir como humanos. Este es el planteamiento básico sustentado por Víctor Gómez Pin en su *Filosofía* (Gran Austral, ed. Espasa Calpe) una introducción general a la materia que puede resultar ardua para quien apetezca simplificaciones de manual pero que resulta provechosa a cuantos crean que lo importante siempre resulta también exigente.

Gómez Pin no rehúye partir de los avances de la matemática y otras ciencias pero buscando sin cesar establecer ese nivel común a la inquietud humana general que es propiamente filosófico. Porque no debe olvidarse —como bien dice Odo Marquard— que el filósofo no es un experto, sino quien dobla al experto: el especialista para escenas de peligro.

Otro camino de acercarse al «chiste» filosófico pasa a través de la vida y obra de algunos grandes pensadores. Las ediciones Marbot, que han iniciado recientemente con acierto y buen gusto su andadura, proponen dos libros excelentes a tal propósito. Cada uno de ellos está centrado en un filósofo, desde enfoques muy distintos aunque ambos bien logrados. El *Séneca* de Paul Veyne, historiador del mundo clásico que estuvo muy vinculado intelectualmente a Michel Foucault, es un estudio magistral de la vida, obra y época del pensador nacido en la Córdoba primitiva. Nos narra la trayectoria humanísima y por tanto a veces contradictoria de un indagador preocupado con esa gran molestia intelectual y práctica: la dificultad de habitar el mundo sabiéndose mortal. En los días de Séneca, ser filósofo no era escribir tratados de filosofía ni mucho menos dar cursos de esa materia, sino vivir de un modo determinado: con deliberación y conciencia, luchando contra la rutina mimética que todo lo arrastra y nada se pregunta. Por otra parte el *Spinoza* de Alain prescinde de la parafernalia historicista y de la mirada externa de comentador: resume en un inigualable prontuario lo esencial del pensamiento del valiente sabio judío como si fuera él mismo quien hablase sin intermediarios ni distancia académica. Durante muchos años, el libro de Alain ha constituido la base de gran parte de mis cursos y también —ayer como hoy— del pensamiento que me ayuda a vivir. Por suerte la filosofía es una tradición de la que no debemos renunciar a nada: pero si debo quedarme con un solo compañero filosófico, que me dejen con Spinoza.

La filosofía nace con la democracia y representa en el terreno intelectual lo mismo que ella en el político: la autonomía del individuo pensante frente a las veneraciones inapelables establecidas. Quienes por razones espúreamente «funcionales» tratan de disminuir hoy su peso en la enseñanza, pretenden sin duda también la sumisión al poder incuestionado y no la mera eficacia laboral.

¡AL DIABLO CON LA CIENCIA!

Galileo en el infierno. Un diálogo con Paul K. Feyerabend, de Jose Luis González Recio y Ana Rioja. Editorial Trotta, Madrid 2007, 85 pags.

Es probable que buena parte de los lectores menores de treinta años, que alguno habrá, no tengan hoy mucha idea de quien era Paul K. Feyerabend. Y sin embargo fueron precisamente los jóvenes quienes le hicieron popular y notable en su día, aunque tal día de esplendor, ay, llegó a su fin hace casi veinte años. Feyerabend nació en Viena en 1924 y al principio se interesó sobre todo por el teatro y la música. Al estallar la guerra mundial se incorporó a las SS y llegó al grado de teniente (lo cual no debía producirle ningún problema moral, porque como él mismo se encargó de aclarar después ninguna ideología es intrínsecamente buena o mala, lo único que puede decirse es que unas gustan a la gente más que otras. Y añade: «en lo que a mí concierne, no existe diferencia entre los verdugos de Auschwitz y esos "benefactores de la humanidad"», entre los que incluía a educadores, intelectuales, médicos, etc...). Acabada la guerra se doctoró en filosofía y pidió una beca para estudiar en Cambridge con Wittgenstein. Como este acababa de morir, siguió los cursos de Karl R. Popper. Después, gracias a la ayuda de éste, fue profesor en la universidad de Bristol y luego en otras varias de Inglaterra, Estados Unidos, Alemania y hasta Nueva Zelanda. Simpático, extravagante y seductor alcanzó notable presencia mediática a través de sus libros, conferencias y apariciones en televisión. Contó con desparpajo su vida en unas memorias de título excelente: *Matando el tiempo* (editadas en castellano por la ed. Debate, 1995). Finalmente, ya cercano a los setenta años, se jubiló de sus tareas académicas y se disponía a disfrutar de sus ahorros, tumbado al sol —cosa que le encantaba— junto a su última mujer, cuando se le declaró un tumor cerebral y se murió. Cosas que pasan.

La obra más célebre de Feyerabend y el núcleo esencial de su mensaje teórico, que repitió en todos sus demás escritos de un modo u otro, es *Contra el método* (trad. en Ariel, 1974. Amplió el libro en *Tratado contra el método*, ed. Tecnos, 1981). Allí arremete contra la tiranía de nociones como «verdad», «objetividad» y «razón», que son el corsé dogmático que oprime a la gente y a su manera de ver el mundo. El principal objetivo de su diatriba es el supuesto «método» que los científicos deben seguir para alcanzar sus conocimientos y establecer sus teorías, sobre el que tanto escribió su maestro Popper, su compañero y amigo Imre Lakatos, así como otros muchos. Ese método debe seguir algún tipo de orden expresado en reglas, leyes o principios de validez general, lo que a Feyerabend le parece ni más ni menos que un «cuento de hadas». Para él, que se declara «anarquista epistemológico», no hay ningún método especial que garantice el éxito científico o lo haga más probable. Todos los llamados principios o leyes de la naturaleza son establecidos de modo ideológico, puramente social, a fin de cuentas por *votación*... como el resto de las leyes que padecemos. La realidad es que todo vale, tanto en ciencia como en ética o política, y los razonamientos que hacen plausible lo que quiere imponerse al público son meras estrategias de venta al por mayor, como las de la publicidad. Es evidente que Feyerabend fue un heraldo vanguardista de lo que luego se ha llamado «posmodernidad», aunque los principales representantes de ésta hayan después limado y adecentado los aspectos más truculentos o provocadores del discurso del vienés.

En *Contra el método*, el principal ejemplo sobre el que Feyerabend apoyaba su teoría (o intentaba vender su capricho, que con esta gente nunca sabe uno como acertar) era la afirmación del movimiento terráqueo por Galileo. Semejante doctrina contravenía nuestra intuición inmediata del movimiento (¿cómo no íbamos a notar ese desplazamiento de algo sobre lo que vamos «montados»? ¿acaso no nos despeinaríamos o notaríamos el viento en el rostro?), además de desmentir la física de su época y no sé cuantas teorías acrisoladas y apoyadas en supuestos «hechos concluyentes». Y sin embargo, se mueve... Según Feyerabend, Galileo Galilei fue el primer anarquista epistemológico de la cristiandad científica.

De modo que no deja de ser un gesto de justicia poética el que llevan a cabo Jose Luis González Recio y Ana Rioja —ambos profesores de la Universidad Complutense de Madrid, especialistas en filosofía de la ciencia— en este libro que comentamos. Tras un informativo prólogo sobre Feyerabend y su utilización de los descubrimientos de Galileo, inventan un posible diálogo infernal entre ambos, proyectados sobre un escenario que toman prestado —con el debido agradecimiento— a Jean-Paul Sartre en su conocido drama *A puerta cerrada*. El género filosófico elegido corresponde bien a sus protagonistas, porque tanto Galileo como el propio Feyerabend compusieron diálogos entre personajes imaginarios o casi imaginarios para exponer algunas de sus teorías. De modo que ahora no les queda sino resignarse a verse utilizados como antagonistas en otro coloquio filosófico sobre sus puntos de vista. No hay demérito alguno en ello, porque este diálogo que mantienen en el infierno no solo está apoyado en la literalidad de las obras que firmaron, sino que además está bien escrito y lleno de detalles circunstanciales divertidos. En último término, el Galileo infernal vapulea al infernal Feyerabend de modo contundente y convincente. Pero en cuestiones del más allá nunca se sabe y los autores de esta animada —aunque se trate de ánimas en pena— conversación dejan abierta la posibilidad de que el lector, como Catón, tome partido por aquel a quien los dioses desdeñaron...

AL SERVICIO DE LA REVOLUCIÓN

Si ustedes me preguntan cuál es, a mi juicio, el acontecimiento editorial más importante de 2008, no tendré más remedio que hablarles de una obra magna que probablemente no hayan visto comentar en las páginas culturales ni los suplementos literarios de los diarios. Se trata de la *Historia de la Revolución Francesa* de Jules Michelet, traducida por Vicente Blasco Ibáñez, que ha publicado la editorial Ikusager. La edición (patrocinada por la Fundación Pablo Iglesias y con apoyo de instituciones culturales francesas) viene excelentemente presentada en tres volúmenes dentro de un estuche, ilustrados por Daniel Urrabieta Vierge, un auténtico maestro español en ese campo que trabajó y triunfó en el París de finales del siglo XIX. La arriesgada aventura de esta publicación es sin duda un empeño personal del valeroso piloto de Ikusager, Ernesto Santolaya, a quien también se debe entre otras cosas que tengamos en buenas ediciones actuales las dos principales novelas marineras del gran Pierre MacOrlan, *El Canto de la tripulación* y *El ancla de misericordia*. Como es probable que esta *Historia de la Revolución Francesa* no les esté esperando dócilmente en su librería habitual, les facilito antes de que se me olvide el mail del editor, donde pueden recabar toda la información pertinente: ediciones@ikusager.com. De nada, para éso estamos.

¿Quién fue —y es, para siempre— Jules Michelet? La literatura nos brinda genios, sátiros, maestros y también, sencillamente: amigos. Autores con los que simpatizamos por su tono y talante aunque seamos conscientes de sus caprichos y a quienes perdonamos incluso sus más flagrantes arbitrariedades... Entre éstos últimos, para muchos lectores (entre los que se cuentan Victor Hugo, Georges Bataille, Charles Peguy, Jean Duvignaud, Roland Barthes... y muy al fondo quien esto firma) figura destacadamente Jules Michelet. Fue un espíritu no ya poético sino incluso mágico que eligió para expresarse la prosa y los recursos de la erudición histórica o científica, aunque le interesaron más las metáforas y las intuiciones visionarias que la compulsa de fuentes o la acumulación de datos. Nunca aspira a la objetividad neutral sino al apasionamiento *significativo*. Sus fobias (los curas, los jacobinos, Inglaterra, el fatalismo, la Edad Media...) y sus filias (los estoicos, la educación, Alemania, el pueblo, la risa, la mujer como espíritu natural...) aparecen a cada paso como evidencias apoyadas por una elocuencia a veces sonámbula y siempre extrañamente seductora. Aparte de sus monumentales historias —de Francia, de la Revolución, del siglo XIX ...— escribió ensayos asombrosos de voluntarismo y perspicacia sobre cuestiones vastas: «El mar», «El amor», «La mujer», «La montaña»... Quizá el mejor de todos (y el único que sigue siendo constantemente reimpreso) es «La bruja», un personaje de inconformismo heroico pero aciago que glosa magistralmente abriendo paso a Aldous Huxley o Julio Caro Baroja. De este ensayo dijo Bataille que convierte a su autor «en uno de los que hablaron más humanamente del *mal*».

En cuanto a su labor como historiador, nadie la describió mejor que Roland Barthes, que le dedicó el más agudo y atinado de sus estudios literarios (*Michelet*, F. de C. Económica): «El historiador es el que ha dado la vuelta al tiempo, volviendo atrás, al lugar de los muertos y recomenzando su vida en un sentido claro y útil; es el demiurgo que une lo que estaba disperso, discontinuo e incomprensible». Así resucita de nuevo para los lectores la historia y la leyenda de la Revolución Francesa como batalla del pueblo por la verdad y la justicia, con incomparable capacidad de evocación. No diremos que estos tres copiosos volúmenes se leen como una novela, porque Michelet detestaba el género: contentémosnos mejor con subrayar que pocas novelas históricas de las hoy en boga pueden competir con su lectura. Sin duda la facundia de Blasco Ibáñez (denostado por los exquisitos en su día como mero fabricante de *best-sellers* y hoy añorado por su opulencia narrativa) es una excelente ayuda para la fluidez de la obra con su traducción, completada y puesta al día en cualquier caso por los editores. Cuando le preguntaron a Michelet en qué se consideraba superior a otros historiadores, repuso: «He amado más». También había dicho, hablando de la mujer, que «el más vivo aguijón del amor no es tanto la belleza sino la tormenta». Es decir, la revolución.

DOS CABALGAN JUNTOS

Suele decirse, es casi un lugar común, que los grandes escritores padecen un purgatorio más o menos largo de indiferencia tras su muerte. Algunos salen de él fortalecidos y eternos, otros permanecen incurablemente en el olvido. Pero Albert Camus representa una notable excepción a esta regla: a cincuenta años de su muerte temprana en un accidente de carretera, su figura intelectual ha aumentado sin cesar de tamaño y es hoy más prestigiosa que nunca. Aún más sorprendente resulta la casi total unanimidad encomiástica que le rodea. Las polémicas y críticas acerbas que acompañaron la mayor parte de su vida creadora parecen haber desembocado hoy en un plácido estuario de reconocimiento sin fisuras. Resulta casi inevitable preguntarse si tanta aceptación no encierra un malentendido (el propio Camus dijo que el éxito suele implicarlo) o incluso una forma de olvido más soterrada y por tanto más difícilmente remediable.

Desde luego, abundan los motivos para recordar hoy a Camus con especial aprecio y simpatía. Para empezar, los acontecimientos históricos han venido a demostrar que en asuntos esenciales tenía razón: sobre todo en su denuncia del totalitarismo estalinista. Pocos años después de su muerte, Kruschev comenzó pudorosamente a desvelar la realidad atroz de la Rusia soviética, que los más furibundos detractores de Camus se negaban a admitir. A partir de ese momento —y sobre todo desde la caída del muro de Berlín— el comunismo realmente existente perdió casi todos sus abogados intelectuales y ha revelado sin paliativos su fracaso político y su desastre moral. La denuncia de Camus, que en su día fue malinterpretada o denostada, se ha convertido hoy en un tópico que casi todo el mundo suscribe sin rodeos.

Aún más. El lenguaje teológico puesto al servicio del exterminio de seres humanos era uno de los temas fundamentales estudiados en *El hombre rebelde*. Camus comprendió bien hasta que punto la búsqueda del absoluto puede convertirse en justificación para pisotear los derechos humanos más elementales. Cuando publicó su célebre ensayo, la invocación inquisitorial de motivaciones religiosas para persecuciones y matanzas parecía algo del pasado, pero medio siglo más tarde ha vuelto a ponerse de trágica actualidad. Entonces se pensaba que las ideologías políticas (nacionalismo, nazismo, bolchevismo, etc...) habían venido a sustituir al furor teológico de las religiones, pero hoy vemos que —tras la decadencia de esas ideologías digamos «laicas»— son de nuevo las coartadas religiosas quienes regresan para legitimar atentados mortíferos, matanzas tribales, deportaciones masivas o bombardeos preventivos. La denuncia de Camus en su día sonaba a algunos como una concesión al «idealismo» o al «espiritualismo» que desconoce las motivaciones socioeconómicas: resulta hoy una precursora señal de alarma.

Esta denuncia del totalitarismo y del terrorismo, que se adelanta a los acontecimientos venideros, ha conseguido hoy aplauso general para Albert Camus, entre los conservadores de derechas y también entre muchos izquierdistas arrepentidos. Pero este aprecio póstumo puede ocultar, como decíamos, un cierto malentendido y hasta un olvido selectivo de una parte importante del pensamiento político y moral de Albert Camus. Porque en su obra no hay un rechazo global sino más bien una exigencia ética de la rebelión: «yo me rebelo luego nosotros somos». Decir «no» y rebelarse contra la injusticia y la desigualdad social («la sociedad del dinero y de la explotación no se ha encargado nunca, que yo sepa, de hacer reinar la libertad y la justicia»), contra la opresión colonial de los países más desfavorecidos, contra la pena de muerte, contra la utilización de armas atómicas...todo eso también formó parte central de sus manifestaciones políticas. Albert Camus fue crítico con la revolución que entroniza el terror y la violencia como dioses justicieros, confundiendo la depuración con el camino de la pureza, pero no fue un conformista ni un cínico que acepta sin más —en nombre del orden sacrosanto— los peores manejos de la razón de Estado. Fue moralmente exigente con la rebeldía (sostuvo que en política deben ser los medios quienes justifiquen el fin y no al revés) pero sin duda fue también un rebelde: «la rebelión no es en sí misma un elemento de civilización. Pero es previa a toda civilización».

Probablemente el intelectual del siglo XX

con quien más tiene en común Albert Camus, hasta la coincidencia casi desconcertante, es George Orwell. Y no solo por similitudes biográficas, como que ambos fueron tuberculosos, ambos murieron (aunque por causas distintas) a los cuarenta y siete años, ambos tuvieron una preocupación especial por la guerra civil de España y su tragedia posterior, ambos padecieron la maledicencia calumniosa de muchos colegas comprometidos con el disimulo o la minimización de la realidad totalitaria comunista y póstumamente los dos han sido instrumentalizados por la derecha con olvido de su inequívoca filiación de socialistas antiautoritarios. Hay además otras concordancias esenciales. Una de las principales es la importancia concedida al lenguaje y a la sinceridad que lo emplea en busca ante todo de la verdad. Orwell denunció: «El lenguaje político —y con variaciones esto es válido para todos los partidos políticos, desde los conservadores a los anarquistas— es empleado para que las mentiras parezcan verdaderas y el crimen respetable, y para dar apariencia de solidez a lo que es puro humo». Y concluyó: «El gran enemigo del lenguaje claro es la insinceridad». Por su parte, Camus señaló: «He escuchado tantos razonamientos que han estado a punto de hacerme dar vueltas la cabeza, y que han hecho dar a otros vueltas la cabeza hasta hacerles consentir en el asesinato, que he llegado a comprender que toda la desdicha de los hombres proviene de que no tienen un lenguaje claro. He tomado entonces el partido de hablar y actuar claramente para volver a ponerme en el buen camino. Por consiguiente digo que hay las atrocidades y las víctimas, y nada más» (*La peste*).

Tanto uno como otro fueron explícitamente contrarios al culto del músculo y la fuerza como garantía de eficacia para resolver los conflictos, aunque Camus simpatizó más con el pacifismo y las doctrinas gandhianas de la no violencia (para Orwell «el pacifismo es más una curiosidad psicológica que un movimiento político»). Y ambos criticaron el nacionalismo: Camus escribió a su imaginario amigo alemán que él «amaba demasiado a su país para ser nacionalista» y Orwell escribió unas perspicaces y siempre actuales *Notas sobre el nacionalismo* en las que dejó caer esta observación de largo alcance: «todo nacionalista está obsesionado por la creencia de que el pasado puede ser alterado». Pero cada uno de ellos se interesó a su modo por el patriotismo, entendido como ciudadanía compartida y no como etnia de pertenencia. Orwell se asombraba en 1940 (probablemente pensando en el grupo de Bloomsbury o gente parecida) de que Inglaterra fuese «el único gran país cuyos intelectuales se avergüenzan de su propia nacionalidad» y deseaba para el futuro que «el patriotismo y la inteligencia volviesen a ir juntos de nuevo». Por su parte Camus, en el prefacio a sus *Crónicas argelinas* en las que expuso una postura que desagradaba a casi todos, dice: «Desde la derecha se ha emprendido, en nombre del honor francés, lo que era más contrario a tal honor. Desde la izquierda, frecuentemente y en nombre de la justicia, se ha excusado lo que era un insulto a toda verdadera justicia. La derecha ha cedido así la exclusiva del reflejo moral a la izquierda, la cual le ha cedido a su vez la exclusiva del reflejo patriótico. El país ha sufrido dos veces».

Tuviesen o no razón en sus opiniones y actitudes políticas, tanto Camus como Orwell fueron *librepensadores*. Es decir, sostuvieron principios y argumentos, no partidos. Rechazaron algo muy frecuente, el *escándalo selectivo*, las condenas que siempre barren para casa y silencian lo que perjudica a nuestro convento. Cincuenta años después, reciben incienso de los mismos que hoy excomulgan a quienes se comportan como ellos: la hipocresía es el tardío homenaje que el sectarismo rinde a quienes han dejado de ser molestos. ¿Victoria póstuma o dulce derrota definitiva?

CARTA A ALBERT CAMUS

Querido Camus: supongo que puedo llamarle así. Borges se refirió una vez a esos amigos que nos proporciona la lectura y usted es uno de los míos. No tanto como para tomarme familiaridades y tutearle, o llamarle Albert o Bébert o algún otro apelativo cariñoso que exigiría mayor intimidad (creo, por ejemplo, que algunos en la editorial Gallimard se referían a usted como «l'hidalgo») pero suficiente para un «querido Camus». Además usted lleva ya medio siglo muerto y eso me concede ciertas ventajas menores. Nada comparable a la más grande de todas, que usted ya tiene para siempre: aunque como cualquiera temió envejecer, no llegó a conocer nunca la vejez.

Empiezo por asegurarle que le he leído bastante, mucho quizás, a menudo con admiración y cierto deleite, no pocas veces con impaciencia pero siempre con simpatía. Por decírselo de una vez: aprecio su obra, pero le aprecio más a usted. Es una paradoja a la que ya debe estar acostumbrado. Como escritor no es difícil hallarle obvios defectos entre muchos méritos: a veces suena un poco artificioso su tono lapidario y hay algo a la vez de ingenuo y de hueco en sus concesiones a la declamación moral. Pero sin embargo usted mismo, como figura intelectual y como persona, rebosa *encanto* hasta para quienes no le conocemos más que por biografía y fotografía. Y nadie ha definido en qué consiste el encanto personal mejor que usted: «es una manera de oír que nos responden sí antes de haber planteado claramente ninguna pregunta». A usted le dieron frecuentemente ese «sí» que a todo se adelanta y se rinde de antemano, desde su maestro Louis Jourdain en la escuela hasta el jurado del Nobel y muchísimos lectores, por no hablar de tantas mujeres. El físico ayuda, vaya que sí: casi uno ochenta de estatura, ojos verdes y esa cara «a medio camino entre Humphrey Bogart y Fernandel», como dijo usted mismo con gracia.

Eso no quiere decir que sus ideas fuesen populares o aceptadas sin rechistar: todo lo contrario. Casi siempre que tomó postura política se encontró solo, acosado por la izquierda y la derecha más radicales. Incluso hoy, a pesar de que todo el mundo le elogia, continúa habiendo mucho de malentendido en esa unanimidad. Los conservadores y los izquierdistas arrepentidos celebran su crítica temprana del totalitarismo comunista y de los métodos terroristas de cualquier color ideológico, pero en cambio suelen silenciar su denuncia de la explotación capitalista y del colonialismo, de la pena de muerte, de la tortura y de la utilización de armas atómicas, su apoyo a pacifistas e incluso a desertores, etc... Le quieren convertir en una especie de «nuevo filósofo *avant la lettre*», algo que ciertamente usted nunca fue. Más se parece en cambio a George Orwell, de trayectoria biográfica y política similar a la suya (estuvieron a punto de colaborar, junto con André Gide e Ignacio Silone, en un libro colectivo titulado *El Dios que falló*, sobre la decepción comunista). Lo mismo que Orwell, se negó a razonar la política fuera de parámetros éticos y defendió también su propia forma de «common decency», que es en todo y siempre lo opuesto a la razón de Estado... por muy democrático que sea el Estado.

A mi juicio —basado en la experiencia, porque he conocido a muchos— la peor dolencia que puede aquejar a los intelectuales es la admiración de la *fuerza bruta* y de quienes la practican sea con los puños o con bombas, pistolas, tanques, misiles... De ese aprecio, no siempre explícito, se han beneficiado no solo Hitler y Stalin, sino también ideales más «estéticos» como Che Guevara y Rambo, por no mencionar a la CIA, ETA o Al Qaeda. Creo que la razón de ese culto a los violentos con pocos escrúpulos proviene en el fondo de que la mayoría de los intelectuales son físicamente cobardes: audaces y arrogantes ante el ordenador, se ensucian en los pantalones si alguien se les acerca con cara de malas pulgas. Y los físicamente cobardes a nadie envidian y veneran tanto como a los *matones*. Chesterton, que tenía olfato para estas debilidades, escribió que «la admiración de la brutalidad es la menos *viril* de las pasiones». Usted, querido Camus, criado en la miseria argelina y educado en el campo de fútbol, nunca tuvo miedo a las patadas y los empellones y por eso tampoco adoró a quienes los dan.

Con frecuencia trato de imaginar lo que usted habría opinado de tal o cual acontecimiento de actualidad. ¡Ojalá pudiésemos contar con un editorial suyo, como los de *Combat*, ante los temas cotidianos que más nos preocupan! No es difícil adivinar que no hubiera sido usted partidario de la represión de disidentes en Cuba, ni de la cárcel de Guantánamo, ni de la política de los países europeos ante la inmigración, ni de muchas de las iniciativas de ese presidente Sarkozy que quiere ahora entronizarle en el Panteón parisino. Pero solo son conjeturas. Sin embargo, una de ellas me emocionó cuando la oí. Fue hace años, en un encuentro sobre la actualidad de su obra organizado por el Centro Pompidou. Yo hablé de sus reflexiones sobre —contra— el terrorismo y aproveché para contar lo que hacían en el País Vasco los movimientos cívicos opuestos a ETA. Al terminar se me acercó su hija Catherine (la misma que con doce años, cuando usted recibió el Nobel, le preguntó si también había un Nobel para los acróbatas) y me dijo: «Si mi padre viviese, apoyaría a Basta Ya». Gracias y hasta siempre, querido Camus.

ALMANAQUES

Si ahora que llega la Navidad no se pone uno nostálgico, ya me dirán cuándo. Ah, que a usted no le gustan los tópicos... Pues entonces será que no le gusta la vida, porque la vida está hecha de tópicos. Esa enfermedad suya no la puedo yo remediar, de modo que vuelvo a la nostalgia. Llega otra vez la Navidad y regresa también, obediente y vital, la nostalgia. ¿De qué, de quién? De tanto y de tantos... En mi caso, sobre todo, de los almanaques.

No me refiero a los calendarios más o menos zaragozanos, esos gruesos tacos en los que cada hoja era un día —negros los laborables, rojos los domingos y fiestas de guardar— y en cuyo reverso podíamos leer una cita célebre, un aforismo o una anécdota curiosa de Leonardo o de Espoz y Mina, vaya usted a saber. Simpáticos pero prescindibles: me avengo a vivir sin ellos. En cambio resulta difícil aceptar que ya no volverán los almanaques de aquellos tebeos (aún no se habían inventado los cómics) de mi infancia.

Aparecían puntual y escalonadamente, dos o tres semanas antes de la llegada propiamente dicha de las fiestas. Ahora les llamaríamos números extraordinarios de Navidad, pero para nosotros entonces eran almanaques: el de *Jaimito*, el del *TBO*, el de *Tío Vivo*, el de *Pumby*, el de *Tres amigos*... Y también, por supuesto, el de las series de grandes aventureros como el Capitán Trueno, el Jabato, el Cosaco Verde o Roberto Alcázar y Pedrín. Yo los compraba todos, incluso los de varios tebeos que no frecuentaba semanalmente durante el año. ¡Y con qué ilusión esperaba su llegada al quiosco, con qué impaciencia echaba de menos al que se retrasaba en la cita! No solo es que nunca haya vuelto a esperar nada con ilusión semejante, sino que todo lo que luego he aguardado con ilusión fue gracias al rescoldo de aquella otra con que anhelaba los almanaques.

Estos almanaques seguían unas convenciones tan fijas como los rituales funerarios del antiguo Egipto. Los personajes de cada una de las historietas se enfrentaban a algún episodio de ambiente pascual, con obligada profusión de muérdago, turrón y champán. El tono era invariablemente ligero, menos ácido en las sátiras y menos violento en los episodios de mis héroes favoritos (siempre españoles, claro, porque no había almanaques de yanquis tan queridos como Hopalong Cassidy, Red Ryder o Gene Autry): después, todo acababa en la cena navideña de la última viñeta, compartiendo el inevitable pavo —solo Goliat solía blandir para la ocasión un muslito de vaca...— mientras brindaban por la felicidad del año entrante: aquellos cincuentas y primeros sesentas, ay, hace tanto tiempo perdidos.

La inocencia del conjunto era realzada por los mínimos pero perdurables apuntes gratamente culpables: las curvas adivinadas de Sigrid, a las que siguieron más tarde las ya muy explícitas de las mozas dibujadas en *Can-Can* por Robert Segura (acaba de morir, las huríes le acojan en su seno: para mi generación, fue nuestro Alberto Vargas), que me estimularon mucho más y más conspicuamente que su personaje de Rigoberto Picaporte. Desde el punto de vista del más antiguo arte manual, siempre defenderé la primacía de los dibujos eróticos sobre las fotografías de igual género, a veces demasiado *clínicas* (*pace* Betty

Page, que también acaba de morir). Decía Cioran que el seductor empieza como poeta y acaba como ginecólogo: la ilustración picante, de Boucher a Segura o Vargas, nos deja a medio camino, el lugar más placentero.

El encanto de aquellos almanaques consistía en reunirnos en una fiesta navideña sin discusiones ni malos rollos (como a veces padecen las demás) con la otra familia que nos acompañaba durante todo el año: la familia Ulises o Morcillón y Babalí, Carpanta, Ángel Siseñor, Zipi y Zape, Mortadelo y Filemón, el reporter Tribulete... ¿Acaso no formó parte de mi familia el capitán Trueno? ¿Alguien podrá negarme que fui primo de Taurus y cuñado de Fideo de Mileto? Ahora ya no están y se reúnen en la memoria con los otros parientes perdidos, más carnales e íntimos. Es la nostalgia, el tópico cíclico de estas fechas, del que estamos hechos y que nos deshace.

ANTIBÁRBAROS

El otro día un periodista foráneo me preguntó: «¿qué cree usted que necesita hoy Europa?». Sin vacilar y supongo que cometiendo el pecado que más detesto, la pedantería, repuse: Erasmo. Fui un poco grotesco, pero sincero. De vez en cuando, pongamos que cada cincuenta años, es inevitable volver a sentir nostalgia del gran humanista. Uno de quienes le añoraron especialmente en un momento atroz de la atroz historia europea, Stefan Zweig, establece en el inolvidable ensayo biográfico que le dedicó (publicado en castellano por Paidós): «en efecto, de todos los escritores y autores occidentales, fue el primer europeo consciente, el primer combatiente pacifista, el defensor más elocuente del ideal humanitario, social y espiritual». Uno de los primeros escritos de Erasmo se titula *Antibárbaros* y ese rótulo podría encabezar sus obras completas: lo malo es que en nuestra época menesterosa de éxitos multitudinarios quizá ofenda a demasiados lectores potenciales...

Tradicionalmente el único libro de Erasmo que conocía el lector no erudito era su *Elogio de la locura*, del que existen numerosas ediciones. Equivale en su extensa obra a *Cándido* en la de Voltaire, para entendernos. Pero hoy tenemos en castellano versiones recientes y sin duda excelentes de otros escritos. Por ejemplo destacado, los *Adagios del poder y de la guerra* que, junto a la *Teoría del adagio* (esa anticipación lúcida y sabrosa de lo que luego fue «ensayo» con Montaigne) ha traducido con puntual elegancia Ramón Puig de la Bellacasa (ed. Alianza). Y como importante refuerzo, los *Escritos de crítica religiosa y política* que ha traducido y anotado para la ed. Tecnos Miguel Ángel Granada, sin duda el más destacado especialista español del pensamiento renacentista, donde se incluye la despiadada sátira *Julio II excluido del reino de los cielos*, crítica magistral de un papado arrogante, enriquecido y envilecido (pese a sus notables mecenazgos artísticos) que pedía ya a gritos la reforma protestante. Menciono, para completar este repaso, la preciosa edición facsímil de otros dos escritos erasmianos notables —la *Lengua* y *Sobre la mala vergüenza*— que ha preparado con mimo la editora de la Junta Regional de Extremadura.

Claro y preciso en cuanto escribió, Erasmo tuvo compasión de los hombres —que le admiraron enormemente en toda Europa— pero su verdadera amistad fueron los libros. Se negó tenazmente a alinearse con los sectarios, fuesen los del papado o los de Lutero, y a veces su cautela excesiva impacienta un poco al lector de su biografía: es indudable que nunca derrochó coraje físico, probablemente porque no le apetecía terminar sus días como su amigo Tomás Moro. Indudablemente creyente, nunca subyuga sin embargo la razón a la fe sino más bien lo contrario: «cuando encuentres una verdad, dala por cristiana». Y su adagio contra la guerra —«dulce bellum inexpertis»— sigue siendo hoy de una elocuencia y una lucidez admirables. Oigámosle otra vez: «ya no está permitido a los cristianos combatir, excepto ese hermosísimo combate con los abominables enemigos de la Iglesia: el afán de dinero, la iracundia, la ambición, el miedo a la muerte». A ésto sí que puede llamarse humanismo cristiano, no a privatizar hospitales o escuelas ni a bombardear a los infieles.

Por encima de todo, abogó por el sueño de una Europa unida en su cultura y en su misión civilizadora, de la que fueran extirpados esos nombres nacionales —inglés, alemán, francés, español...— que «estúpidamente» nos enfrentan. Incluso va más allá y dice en su *Querela pacis* que «el mundo entero es la patria de todos nosotros». ¿Qué pensaría hoy de la Europa cada vez más clausurada en sus excluyentes privilegios, que estruja a los inmigrantes mientras le son útiles y después les niega todo derecho, les encierra sin juicio o les expulsa a las tinieblas exteriores? ¿La que acepta horarios neoesclavistas por presión de los lobbies patronales? Regresan los bárbaros y echamos de menos a Erasmo.

APRENDIENDO DEL ENEMIGO

Aseguraba Unamuno que, a diferencia de la mayoría de los lectores cuando subrayan, él solo marcaba en los libros las afirmaciones con las que *no* estaba de acuerdo: son las únicas que le estimulaban a pensar, porque las opiniones que coincidían con las suyas ya se las sabía. Desde luego los adversarios inteligentes son la cocaína del espíritu desprejuiciado (que nada tiene que ver con ser poco juicioso o incapaz de juzgar). Disfrutar con lo que nos desmiente —mientras tenga ingenio y resulte capaz de argumentar contundentemente— confirma nuestra siempre incierta madurez: porque en tanto somos tiernos aprendices solo podemos permitirnos estudiar a los profetas y maestros que menos trastornan la exaltación de nuestra fe. De modo que como tributo a la mayoría de edad del lector políticamente correcto debe tomarse el número (excelente) que la indócil revista *Archipiélago* dedica a lo que llama «La inquietante lucidez del pensamiento reaccionario». Ahí se recoge y analiza la voz de quienes con mayor brío y más peligroso acierto llevaron la contraria al pensamiento ilustrado, regeneracionista, democrático, igualitario y políticamente liberal que ha caracterizado el optimismo progresista mayoritario desde hace doscientos años. El progreso ilustrado debía llevar a la felicidad social: como este ideal en el mejor de los casos claudica y en el peor se aleja, los que advirtieron contra él merecen volver a ser escuchados...

En realidad, los llamados reaccionarios señalan en muchas ocasiones las grietas por las que comenzará a cuartearse el radiante futuro prometido: en ello se distingue al verdadero reaccionario del simple *retrógrado,* pues mientras que este último sencillamente es incapaz de comprender las novedades históricas, el otro las entiende con frecuencia mejor que sus mismísimos promotores... Dentro de la amplia categoría de «reaccionarios», por supuesto, no solo caben especimenes poco simpáticos de trituradores del prójimo como Joseph de Maistre, Céline o Carl Schmitt sino también populistas perspicazmente antiplutócratas como Chesterton (al que Santiago Alba consagra un estupendo artículo) o partidarios de un humanismo complejo y «vitaminado» como Nietzsche. El número de *Archipiélago* los repasa a todos ellos, sin olvidar a oponentes teológicos del progreso como Donoso Cortés o disidentes metafísicamente existenciales como Cioran, pero tampoco a los radicales antipolíticos de la novela negra americana (Hammett. James M. Cain, Jim Thompson, etc...) ni el uso hagiográfico que hizo Leni Riefenstahl del documental al servicio del nazismo, contrarrestado por la desmitificadora lectura de Chaplin en *El gran dictador* según argumenta sugestivamente Ana Useros Martín.

Sin embargo, desde el punto de vista teórico, el artículo que suscita un debate más interesante es a mi juicio el de Yann Moulier Boutang, titulado: «¿Hay un uso de izquierda del pensamiento reaccionario?». Los autores reaccionarios clásicos, digamos que tradicionales —es decir los que hemos mencionado hasta ahora— pertenecen a lo que generalmente se ha venido llamando el pensamiento «de derechas». Pero en Francia un discutidísimo panfleto reciente firmado por Daniel Linderberg y dirigido contra «los nuevos reaccionarios» denuncia como tales a una serie de intelectuales encuadrados más bien en la izquierda e incluso en la extrema izquierda. Algunos de ellos son conscientemente «anti-progresistas», señalando con razón las deficiencias de un concepto de «progreso» o «modernidad» que coincide punto por punto con la disolución de las trabas que se oponen en cualquier parte del mundo a la extensión irrestricta del mercado capitalista, casi nunca tan «libre» como pretende ser. ¿Qué se enfrentan en ocasiones, como les reprocha Linderberg, a la democracia realmente vigente? Moulier Boutang los defiende elocuentemente señalando que nadie tiene el monopolio de la democracia y que quizá hoy «defender la democracia signifique salir de la democracia incompleta». Puede ser y sin embargo...

Demos la vuelta a la pregunta que da título al artículo citado: «¿hay un uso reaccionario del pensamiento de izquierda?». Es decir: ¿funciona en ocasiones el rótulo izquierdista como coartada de actitudes y movimientos políticos que se oponen no al progreso entendido como ampliación actualizada del capitalismo sino al cualquier sentido emancipador de la ambigua voz «progreso»? Desde la experiencia de lo ocurrido en el País Vasco, por ejemplo, algunos responderíamos sin dudar afirmativamente. El pesimismo me impide descartar como imposible que fórmulas políticas podridas hasta la médula como la IU de Marazo tengan futuro en Euskadi: pero nada podrá obligarme a que califique tal deriva como «progreso» o «alternativa de progreso». Otro caso: recientemente apareció en las páginas de este periódico un manifiesto a favor de Fidel Castro, firmado por numerosos intelectuales (entre los que figuraban tres o cuatro de los colaboradores del número de *Archipiélago*). El texto de la proclama defendía entre otras cosas la dictadura y la pena de muerte por buenos motivos, tras un pringoso sermón sobre el papel de los intelectuales comprometidos que demostraba por si solo que lo inquietante de ciertos reaccionarios no es precisamente la lucidez. ¿No habrá llegado la hora de dedicar también una reflexión detenida a esta forma de reacción?

**«La inquietante lucidez del pensamiento reaccionario», revista *Archipiélago*, nº 56. Mayo-junio de 2003.

BABY BUSINESS

A menudo, las preferencias de los lectores franceses más intelectuales logran impacientar incluso a quienes somos devotos de la fecundidad ensayística del país vecino. En el *Magazine de Philosophie*, una revista popular y bastante digna que en España sería difícilmente imaginable, consulto la lista de ensayos más vendidos: la encabeza *La insurrección que viene* (ed. La Fabrique), firmada nada menos que por un tal Comité Invisible, enésimo panfleto postsituacionista que anuncia la cercana revolución emancipadora de los males del capitalismo; un par de puestos más abajo aparece *La hipótesis comunista* (ed. Lignes) de Alain Badiou, un nostálgico del maoísmo al que la egolatría blinda contra el sentido del ridículo. Es decir, dos truculentos y sofisticados pasatiempos para añadir algo de picante al abundante menú de quienes se repantingan en la confortable decadencia parisina. Uno quisiera poder patear, como en el teatro, ante esta mala representación del estómago satisfecho y la conciencia infeliz.

Afortunadamente, un poco más abajo figura en el *hit-parade* un libro de Sylviane Agacinski: *Corps en mientes* (ed. Flammarion). La profesora Agacinski enseña filosofía en la Escuela de Altos Estudios y es aficionada a nadar contra corriente. Ha escrito en varias ocasiones sobre el derecho de filiación de quien viene al mundo, es decir el derecho a nacer de hombre y mujer y a no verse privado programadamente de este doble origen. Sé por experiencia propia que es una postura controvertida que puede granjearle a uno descalificaciones por retrógrado, homófobo y otras lindezas no menos pintorescas. En esta obra, *Cuerpos hechos migas*, defiende la restrictiva legislación francesa en la cuestión de las «madres de alquiler» y sostiene que no está atrasada sino en vanguardia de la protección de la dignidad de las personas contra «la barbarie que siempre ha sido moderna, siempre nueva, siempre actual».

Para Agacinski, el aborto es aceptable como

renuncia en ciertos casos a la maternidad de quien se siente incapaz de asumirla en toda su seriedad responsable, pero rechaza la trivialización que comportan los vientres de alquiler. Ni el niño es un producto fabricado a partir de cachitos —esperma, ovocitos, útero...— ni la mujer puede ser un horno en el que se pone la masa a calentar hasta que fermente. Quienes se indignan ante la prostitución como venta de lo inalienable, el cuerpo de una persona, deberían sentir idéntica repugnancia ante esta forma de alquiler... aunque no haya por medio placer erótico, esa luz roja que siempre suscita el escándalo de los puritanos.

¿El derecho de los padres? Agacinski rechaza ese dogma de nuestra época: que uno pueda ser padre antes de tener hijos, por el efecto mágico de la intención y sin más trámites. Ahora se habla de «padres biológicos» o «hijos biológicos» en lugar de reconocerse como antes padres o hijos *naturales*. Fruto éstos del apasionado mestizaje entre ambos sexos, por eventual y furtivo que sea; comprometidos aquellos con la diferencia que engendra. Y concluye que «los lazos entre los humanos y los lazos entre las generaciones son intraducibles en los términos de la biología». Aclaro que Sylviane Agacinski no es monja ni ultraderechista. Recuerdo que en un programa de televisión que compartí con ella, cuando el moderador la presentó como feminista, progresista, esposa del entonces primer ministro socialista Lionel Jospin, etc... ella le corrigió: «Ante todo, soy filósofa». Pues eso.

LAS ARENAS DE MARTE

Supongo que hay dos tipos de personas, los que leyeron a Arthur C. Clarke porque un cuento suyo dio origen al guión de *2001* de Stanley Kubrick y los que fueron a ver la película porque estaba basada en una narración de Clarke. Pertenezco al segundo y probablemente minoritario grupo. Había descubierto a Clarke a mis quince años, por un relato suyo —«Los nueve mil millones de nombres de Dios»— incluido en *El retorno de los brujos* de Louis Pauwels y Jacques Bergier (en ese mismo libro también tropecé para mi felicidad con *El Aleph* de Borges). Y a partir de ese momento procuré leer todo lo que se ponía a mi alcance de él, fuese ficción o profecía ensayística.

Lo más curioso de esa afición es que Arthur C. Clarke representa el tipo de ciencia-ficción que habitualmente no ha solido gustarme, la de base más científica o aún tecnológica. Yo siempre he preferido las novelas con monstruos y extraterrestres aunque no tengan ciencia y apenas conciencia. Pero siempre hay excepciones. Por ejemplo, la novela *Las arenas de Marte* —publicada en aquella admirable colección «Nebulae» que fue la «Austral» de la ciencia-ficción— es una narración carente de color *pulp* y por supuesto de romanticismo a lo Bradbury, pero apasionante y perfecta en su estilo hiperrealista. Aún mejor es *Cita con Rama*, dónde los extraterrestres solo son puro «diseño inteligente» aunque no del que tanto le gusta a George Bush y compañía. En cuanto a *El final de la infancia*, ya más del estilo nave-misteriosa-con-bicho-dentro, baste decir que es una de las parábolas mas divertidas e inteligentes escritas el pasado siglo. Atributos que comparten, en tono aún más jocundo, los *Cuentos de la posada del Ciervo Blanco*. De modo que *2001* está muy bien, pero Clarke podría haberse abierto paso aún sin ayuda de Kubrick por méritos propios.

Imagino, claro está, que algún pelmazo aprovechará la ocasión de la muerte de Clarke para recordarnos que eso no es literatura. «Eso» es lo que han hecho Clarke, Bradbury,

Isaac Asimov, Poul Anderson, Robert A. Heinlein, Brian W. Aldiss, Zenna Henderson y otros enemigos del buen gusto y la preceptiva literaria. ¿Malos escritores porque no se parecen a Proust o Thomas Mann? En el mismo sentido que Bob Dylan es un mal cantante porque no juega en la misma liga que Pavarotti. El mundo está lleno de literatos serios cuyas obras olvidamos en cuanto volvemos la última página de sus libros —en el caso de que lleguemos hasta ahí— que miran por encima del hombro a los frívolos autores cuyas invenciones nos acompañan una vez leídas toda la vida. Si quieren repasar las joyitas selectas de bastantes de ellos les aconsejo la antología de cuentos *Obras maestras de la Ciencia Ficción*, preparada por Orson Scott Card. Tampoco faltan las aportaciones españolas al género. Quizá la figura más veterana y respetada en este campo sea Domingo Santos, editor, escritor y agitador cultural desde hace muchos años (yo recuerdo su *Nomanor*, una especie de Conan al hispánico modo). Acaba de publicar *El día del dragón*, una distopía catastrofista un poco demasiado sociológica para mi gusto, pero no carente de interés.

Lo más hermoso de la literatura es que constituye una farmacia donde hay remedios para todos nuestros males (salvo la muerte) y tónicos de todo tipo e intensidad. Solo los pedantes desdeñan a la humilde aspirina porque no cura el cáncer... Arthur C. Clarke fabricó algunas pócimas para esa dolencia extraña, la nostalgia del porvenir. Y quienes hemos recurrido más de una vez a ellas no queremos despedirle sin que le acompañe nuestra gratitud.

ELOGIO (CAUTELOSO) DEL *BEST-SELLER*

En ese interminable centón de cotillerias, chascarrillos, cursiladas y alguna genialidad que es el *Borges* tomado de los diarios de Adolfo Bioy Casares, el gran hombre le dice cierto 9 de julio a su paciente cronista: «Una cosa le falta a ese libro (*Seis problemas para don Isidro Parodi*) para que pueda ser considerado muy bueno: le falta el éxito. Yo no sé si sin éxito una obra puede ser muy buena». El comentario bien podía ser irónico o paródico, como don Isidro, porque con Borges nunca se sabe. Pero no deja de plantear una cuestión interesante. En efecto, el mas inequívoco criterio que todos aplicamos para determinar que una obra literaria es realmente buena, grandiosa, clásica... es el éxito. *La Odisea*, *La Divi-*

na Comedia, los *Ensayos de Montaigne*, *Hamlet*, *Don Quijote*, *Crimen y Castigo* o *Cien años de soledad* son indiscutiblemente logros literarios excelentes porque han tenido un éxito innegable e inamovible a través de las generaciones. Da igual que a cada uno de nosotros, personalmente, esas obras nos parezcan apasionantes o nos resulten insoportablemente aburridas: ya están más allá de nuestro alcance crítico. Tolstoi se empeñó en demostrar que *King Lear* era un melodrama malísimo pero nadie le hizo demasiado caso: ¡cosas de Tolstoi! Tenía razón Chesterton cuando definía a un autor clásico como «un rey del que se puede desertar, pero al que ya no se puede destronar». Es el peso purpúreo del éxito, ni más ni menos.

No griten más, ya oigo sus protestas: ¡Shakespeare o Cervantes tuvieron —y tienen, sobre todo— éxito porque son parangones de excelencia, no se les tiene por excelentes a causa de su éxito! ¡Usted invierte los factores para adulterar el producto! De acuerdo, admito que sea así en una serie de casos pero... ¿podemos asegurarlo de todos? ¿No puede en ocasiones resultar la grandeza algo como el eco del éxito (los críticos y «entendidos» apoyándose unos a otros a través de los años), hasta el punto de que ya nadie se atreva a gritar que el rey va desnudo... o sea escuchado en caso de gritar contra corriente? ¿Es absolutamente descartable la posibilidad de que existan novelas, poemas o dramas superiores a los más celebrados pero que parecen inferiores precisamente por no haberlo sido tanto? ¿Cómo medir objetivamente el mérito de una obra literaria salvo por su capacidad comprobada de *convencer duraderamente* a la mayoría de los lectores o a los creadores de opinión literaria? Y esa mayoría, populista o selecta... ¿puede equivocarse alguna vez? Les transmito mi más sincera perplejidad, no una certeza disimulada por la mayeútica. Quizá la ironía borgiana antes mencionada apuntaba también en esta dirección llena de dudas...

Y así llegamos al enigma de los *best-sellers* cuya aborrecida abundancia hace gemir las estanterías de las librerías de aeropuerto. No me refiero a los falsos *best-sellers*, es decir a la caterva que imita a los auténticos y trata de agotar el filón descubierto por ellos. *A priori*, nadie hubiera dicho que una extensa novela escrita por un erudito semiólogo, ambientada en las herejías del siglo XIII y con abundantes párrafos en latín pudiera seducir a las multitudes: después del triunfo de *El nombre de la rosa*, los detectives medievales y por extensión romanos, griegos, egipcios y asirios nos han atribulado sin cesar en busca del mimético tesoro. ¡Y qué decir de los dragones, brujos y elfos que corretean hasta la naúsea tras la estela victoriosa de *El Señor de los Anillos*»! No, rechacemos las imitaciones. ¿Qué hay de los verdaderos *best-sellers*, los que inauguran con su éxito estas series? ¿Son buenos o malos, excelentes o detestables? Muchos logran el sufragio multitudinario de los lectores de manera imprevista, la operación de *marketing* es posterior. ¿Qué pensar de ellos? Si nos parecen mediocres ¿vale más nuestro juicio personal que el de millones de entusiastas?

A mí, *El código Da Vinci* me parece deleznable. Pero... ¿y si un viajero del tiempo me dijese que dentro de doscientos años seguirá siendo considerado una obra maestra, como hoy creen tantos? ¿Me quedará otro remedio que acatarlo? Stendhal dijo que la literatura tiene algo de lotería: hay billetes premiados y otros no. ¿Entonces...? No sé, por si las moscas yo vuelvo a Dickens. Y me consuelo pensando que lo importante es que no decaiga nunca, justificado o gratuito, el placer misterioso de leer.

BREVE ENCUENTRO

Vaya, no es fácil saberlo. ¿Se habrán encontrado alguna vez un paraguas y una máquina de coser sobre una mesa de disección? Si tan enriquecedora asamblea no se ha dado aún en el pasado, es difícil que ocurra próximamente porque ya deben quedar muy pocas máquinas de coser. En cualquier caso, imaginariamente casual o casualmente imaginaria, esa reunión significaba a mediados del siglo XIX el prototipo de la belleza moderna o por lo menos eso opinaba Isidoro Ducasse, que se hacía llamar conde de Lautréamont y fue un tenebroso poeta francés nacido en Montevideo.

Mi mesilla de noche no se parece en nada a una mesa de disección, desde luego, aunque no es raro allí encontrar bastantes cadáveres por culpa de mi afición a las novelas policíacas.

Pero el otro día advertí en ella una coincidencia casi tan extravagante como la formada por la máquina del coser y el paraguas de Lautréamont. Es sabido que los lectores somos de corriente continua o alterna: unos leen un solo libro sin cesar hasta concluirlo y otros alternamos dos o más, a fin de leer más rato o de calmar mejor nuestra impaciencia ante lo que aún nos queda por leer. De modo que en mi «mesita de luz» (preciosa denominación utilizada en algunos países hispanoamericanos, que apunta directamente al uso para lectura del mueble) siempre coexisten impacientes a mi llamada varias odaliscas bibliográficas de un mínimo harén. Cada noche le toca a una y, si estoy en forma o con muchas ganas, a veces puedo con dos. Se hacen mientras compañía en la espera viejos amores de siempre a los que vuelvo antes o después harto de recientes devaneos con promesas de deleite aún no inauguradas, tímidas y seductoras...

Pues bien, hace una semana se disputaban de nuevo mi favor dos antiguos cariños: la trilogía novelesca *La raza* de Pío Baroja (formada por *La dama errante*, *La ciudad de la niebla* y *El árbol de la ciencia*, reunidas en un solo volumen por la editorial Tusquets) y los *Cuentos completos* de Saki (ed. Alpha Decay), seudónimo de Héctor Hugo Munro, un escritor inglés nacido en Bengala en una época en que los grandes escritores ingleses solían nacer en la India... o en Irlanda. Cronológicamente, aquellas novelas y estos cuentos pertenecen a la misma hornada de los comienzos del siglo XX pero ahí parece que se acaba su paralelismo. Los ambientes que describen no pueden ser más distintos, incluso o especialmente aunque *La ciudad de la niebla* transcurra en Londres como gran parte de los relatos de Saki. Pero los salones aristocráticos y fastidiosamente convencionales recreados por el inglés son lo opuesto a las inestables pensiones y sórdidos tabucos habitados por los exilados de que habla Baroja. Por no mencionar los estilos de cada autor: el uno refinadísimo y trabajado, *witty*, plagado de réplicas y contrarréplicas genialmente humorísticas de la mejor escuela wildeana; el otro desaliñado y brusco como un aguacero que propina platitudes y sermones ideológicos con imparcial desgaire. La máquina de coser ingenios y el paraguas de la nubosidad que nunca escampa, ambas reunidas para la disección de una época fallecida de muerte natural incluso antes de que dos guerras mundiales tuvieran tiempo de asesinarla.

Sin embargo estos dos talentos literarios —opuestos en todo menos en eso, en tener talento— guardan también parentescos soterrados pero innegables. Para empezar, a ambos se les lee de manera no ya fluida sino casi *irrefrenable*: los cuentos de Saki son como esas bolsas de aperitivos salados y crujientes, terminas uno y empiezas otro, no puedes parar de tragarlos aunque empieces a tener ya síntomas de empacho; y las páginas de las novelas de Baroja se pasan casi solas, el lector las atraviesa refunfuñando y gruñendo sarcasmos —tal como fueron escritas— pero sin poder ni querer detenerse, porque para eso se escribieron. Los dos narradores son pródigos en personajes menores que en realidad configuran la trama mayor de lo que cuentan y de lo que cuenta para ellos: el tráfico incesante de la vida, compuesto de retazos variopintos y grotescos que apenas entendemos pero que hacen sonar la melodía del obstinado bajo continuo que unos llaman enfáticamente «destino» y otros con mueca irónica «capricho». Seres de un momento, que aparecen y desaparecen sin mayores explicaciones (Ortega decía certeramente que los personajes de Baroja salen y entran de escena como la gente que se sube y se baja del autobús) pero que nos dejan un poso de inquietud, como si estuvieran a punto de revelarnos *otra cosa* más significativa, que a fin de cuentas se va con ellos.

El refinado y provocativo Saki, homosexual poco oculto y misógino declarado (pero los varones, en cuanto creen madurar, tampoco valen mucho...), murió en la Primera Guerra Mundial dando lecciones gratuitas de heroísmo, como Lawrence; Pío Baroja, con boina y zapatillas desde la primera hasta la última línea, misántropo vocacional y misógino generacional pero que las pocas veces que se apiada explícitamente siempre suele ser de la suerte de alguna mujer inconformista, prolongó sin dejar nunca de escribir su vejez en el toque de queda franquista. Uno y otro cuentan quizá, incesantemente, la misma historia: las convenciones sociales exquisitas o cutres, laicas o religiosas, bregan por marchitar unos instintos que se niegan a la mediocridad de la rutina pero no aciertan a inventar mejor liberación que la prometida a fin de cuentas por el chispazo incendiario de la burla y después por la muerte. Siempre con una media sonrisa a flor de labios, Saki escribió dos de los cuentos de terror *pánico* más convincentes que nunca he leído, *Sredni Vasthar* y *Gabriel-Ernest*, ambos protagonizados por jóvenes que podrían repetir su celebrado diálogo: «—Antes los muchachos de su edad solían ser agradables e inocentes...—Ahora solo somos agradables. Hoy en día hay que especializarse». Y Baroja sabe hacer tangible la mugre clericaloide y cegata de una sociedad en que cada intento por vivir de veras está castigado con los peores tormentos... que son también los más aburridos. Ya digo, el paraguas, la máquina de coser, la mesa de disección: ¿la belleza moderna?

CLAUDIO MAGRIS

(*Laudatio* en la concesión del doctorado *honoris causa* en la Universidad Complutense de Madrid.)

En un mundo cultural en el que lo más frecuente es que cada individuo aspire a la singularidad y a la excelencia atrincherándose en un campo especializado dónde pueda sentirse seguro, invulnerable, es particularmente grato poder celebrar una figura como la de Claudio Magris, abierta y poliédrica, constantemente arriesgada en el tablero de lo diverso, que no vacila en intentar nuevas empresas y en asumir desafíos inéditos que podrían comprometer el seguro prestigio de sus logros ya oficiales. Por supuesto, este triestino nacido en 1939 es uno de los más respetados académicos de

Italia, catedrático de lengua y literatura alemana en la universidad de su ciudad natal y en Turín, miembro de numerosas entidades culturales internacionales, autor de estudios concienzudos y sabios en su especialidad sobre Wilhelm Heinse, Hoffman, Joseph Roth, Dorst, Canetti, Rilke y el mito hausbúrgico en la literatura austríaca moderna, entro otros muchos. También ha traducido a Ibsen, a Kleist, a Buchner y a numerosos autores de primer rango. Ha sido senador de la República Italiana por dos legislaturas y ha obtenido innumerables premios y distinciones, de los que podemos destacar por su relación con España el premio Juan Carlos I en 1989, la Medalla de Oro del Círculo de Bellas Artes en el 2002 y el Premio Príncipe de Asturias de Humanidades en el 2004. Con todo, tan justificados reconocimientos y tantas pruebas de competencia universitaria no bastan para agotar ni definir suficientemente el perfil de lo que yo llamaría —representando indebidamente a muchísimos lectores españoles— «nuestro Magris».

Para la mayoría de nosotros, simples lectores (pero ¿alguien puede tener título más alto y más honroso que el de lector?), Claudio Magris es el autor inolvidable de *El Danubio*, uno de los libros que más han contribuido a descubrir Europa a los europeos. También quién nos reveló el sentido del más auténtico y liberador humanismo fabricado con piedad e ironía en *Microcosmos*, el narrador esencial de *Il altro mare* o el ensayista que ha sabido significativamente y sin desmayo circular entre la utopía y el desencanto, ayudándonos a combatir con lúcidas lecciones los peligros de una y otro. Hablo de «nuestro» Magris, porque se trata de un autor del que cada lector se apodera con especial identificación y aún con posesivo celo personal. Para cada uno de los muchos amigos que se ha ganado a través de las páginas que ha escrito, Claudio Magris tiene su rostro especial e inconfundible que corresponde a la deuda de agradecimiento que cada cual guarda con él. Aprovecho la honrosa ocasión que ahora me brinda la Universidad Complutense al rendirle el tributo de esta distinción académica para señalar con dos rasgos esenciales las características principales del Claudio Magris que considero más indispensablemente mío.

En el hermoso ensayo que sirve de prefacio y justificación a uno de sus libros más recientes, *L'infinito viaggiare* (Mondadori), el viaje aparece como una actividad fundamental y definitoria para Magris, que forma trío con vivir y escribir: *Vivere, viaggiare, scribere*. El viaje aparece así como el trazo de unión que lleva desde la vida a la escritura. Se viaja no solo a través del espacio, sino también a través del tiempo y contra el tiempo. Claudio Magris es un viajero excepcional porque no solo sabe trasladarse con atención, humildad y perspicacia (las virtudes fundamentales para viajar) a lo largo de las rutas y los caminos, sino que también y juntamente se desplaza por las capas superpuestas del tiempo, tal como las conservan los libros y los monumentos o nos las transmiten las confidencias de quienes recuerdan su experiencia. Los embelesados lectores de *El Danubio* conocemos bien la intensidad inolvidable y reveladora como una iniciación órfica de esa forma de viajar practicada por el autor. El viajero según Magris no es un simple curioso ni un mero testigo sino también un crítico que ha roto amarras con la serenidad de todos los puertos y sabe afrontar sin escándalo pero también sin plena resignación las lecciones del desencanto. «El viajero —escribe Magris en este prefacio— es un anarquista conservador; un conservador que descubre el caos del mundo porque lo mide con un metro absoluto que revela la fragilidad, la provisionalidad, la ambigüedad y la miseria». Condición paradójica la de ese anarquista conservador, ese revolucionario que —siguiendo fielmente la etimología astronómica de la palabra «revolución»— da la vuelta completa horadando caminos y acumulando voces o paisajes hasta regresar finalmente con algo que contar a su punto de partida.

El regreso a casa es la parte más difícil, más preciosa e incluso más arriesgada del viaje, nos dice Magris. Porque es en la casa propia donde se juega la gran apuesta, la capacidad de gozar de la vida sabiéndola irrepetible y frágil; es en casa donde hay que demostrar la difícil destreza de conseguir felicidad y sobre todo de ser capaz de darla, es ahí donde logramos crecer a través del coraje o nos encogemos en los espasmos menguantes del miedo. ¿Qué aporta el viaje a la casa propia, según Magris? El descubrimiento de que es imposible que la consideremos realmente «propia», es decir como algo separado y cortado del resto infinito del universo. Es solo un albergue provisional, que dura una noche o toda la vida y que debemos habitar con respeto y gratitud. Porque a través del viaje hemos aprendido el sentido originario de esa hermosa palabra, «cosmopolita», que tanto irrita a las nacionalistas de toda laya pero que no se refiere a la superficialidad y desapego del desarraigado desdeñoso sino a una forma más rica y más amplia de fraternidad. «Poco a poco —nos explica Claudio Magris— el viajero descubre, está obligado a descubrir la fraternidad y el común destino del mundo, está obligado a sentir que el mundo entero es su casa y que solo este sentimiento hace verdadero su amor por la casa que ha dejado en su país, el cual de otro modo no sería más que un horrible y regresivo fetichismo». Contra ese horrible y regresivo fetichismo glorificador excluyente de «lo nuestro», «lo de aquí» y desconocedor del común destino humano de habitar la tierra que podría rescatarlo para hacerlo entrañable y lúcido, ha vivido, viajado y escrito Claudio Magris. Gracias al viaje nos convertimos en extranjeros para nosotros mismos, sí, extranjeros entre extranjeros pero por tanto descubridores de la auténtica calidad de quienes son y no pueden ser sino hermanos nuestros en las rutas del mundo. Porque, concluye Magris, «la meta del viaje son los hombres; no se va a España o a Alemania, sino entre españoles o entre alemanes».

Junto a este cosmopolitismo fraterno que nos descubre no la lejanía sino la proximidad de los otros y nos permite desmitificar la idolatría de lo propio para amarlo con sencillez de veras, hay otro rasgo en «mi» Magris que quiero ante ustedes destacar, muy precisamente en las circunstancias actuales de nuestro país y en el ámbito de una institución educativa. Me refiero a su defensa de la laicidad, tal como la expone en un breve ensayo, *Laicitá e religione*, publicado primero como artículo en el *Corriere de la Sera* en el año 98 y recientemente incluido en el volumen colectivo *Le ragioni dei laici* (ed. Laterza). Ahí expone: «Laicidad no es un contenido filosófico, sino más bien un hábito mental, la capacidad de distinguir lo que es demostrable racionalmente de lo que es en cambio objeto de fe —prescindiendo de la adhesión mayor o menor a tal fe— y de distinguir la esfera de los ámbitos de las diversas competencias, por ejemplo la de la Iglesia y la del Estado, o sea —según el dicho evangélico— lo que hay que dar a Dios y lo que hay que dar a César». Y después amplía este concepto hasta convertirlo en la virtud más característica de la conciencia civil que se niega por igual tanto al fanatismo como a la apatía: «laicidad significa tolerancia, duda dirigida hacia las propias certezas, autoironía, demistificación de todos los ídolos, también de los propios; es la capacidad de creer fuertemente en algunos valores, sabiendo que existen otros que también son respetables». A continuación narra Magris una anécdota deliciosa que no solo describe su pensamiento sino también su personalidad. Cuenta que en cierta ocasión uno de sus hijos, al verle especialmente sublevado por un ataque personal de inusual bajeza, le recomendó: «¡Sé más laico!». En efecto, dado que la adoración más constante de cada cual es la que profesamos a nuestro propio ego, no cabe duda que la laicidad mejor entendida empieza por uno mismo...

Admirado y querido doctor Magris: no hace falta que le recuerde que alta estima el público culto español tiene por su obra y su persona. Ya ha recibido importantes muestras de ello en forma de galardones y sobre todo por la devoción de los muchos lectores, que es la mejor recompensa para cualquier autor. Ahora entra usted a formar parte del claustro de nuestra mayor universidad, en cuyas aulas suenan a menudo su nombre y los títulos de sus obras o la mención de sus ideas. Es cierto que en todo recinto académico y en toda corporación, por docta que sea, hay algo de agobio opresor. Usted lo dijo muy bien en una página de *Microcosmos*: «Toda endogamia es asfixiante; incluso los *colleges*, los campus universitarios, los clubs exclusivos, las clases piloto, las reuniones políticas y los simposios culturales son la negación de la vida, que es un puerto de mar». Tiene usted mucha razón. Pero la universidad que hoy le abre sus puertas está en Madrid y un poeta calificó a Madrid, en cierta ocasión épica, como «rompeolas de todas las Españas». De modo que no se sienta usted encerrado, ni siquiera por la amabilidad de tantos colegas: aquí también suenan las rompientes libres y bravías, amigo Claudio Magris. Le damos la bienvenida a este otro mar.

CONQUISTAR LA INMORTALIDAD

«El objetivo serio y concreto, la meta declarada y explícita de mi vida es conseguir la inmortalidad para los hombres. Hubo un tiempo en el que quise prestar este objetivo al personaje central de una novela que, para mis adentros, llamaba *El enemigo de la muerte*». Por lo que sabemos (aún quedan inéditos por publicar), Elias Canetti nunca llegó a escribir ese libro que le obsesionaba y cuyo proyecto, estrellado en fragmentos, constituye el zizagueante hilo rojo que puede guiarnos a través de toda su obra. Conocemos muchos autores que han pretendido alcanzar, por medio de sus escritos, la inmortalidad literaria: pero pocos que se hayan propuesto inmortalizar a todos los hombres, es decir, matar a la muerte. Solo conozco dos, el propio Canetti y Unamuno. El primero de ambos reconoce con una mueca su complicidad con el otro: «Unamuno me gusta: tiene los mismos malos atributos que conozco por mí mismo, pero jamás se le ocurriría avergonzarse de ellos».

No hay en el pasado siglo una creación fragmentaria o aforística superior en cantidad y calidad a la que dejó Canetti: aún no la conocemos toda, sigue creciendo. Lo que la hace singular es su vocación teórica, alejada de efectos chocantes o humorísticos, de la tentación de *deslumbrar*. Siempre sostuvo que no hace falta sacar a desfilar el mero ingenio cuando realmente se tiene algo que decir y por ello su modelo fue el contenido y a veces opaco Joseph Joubert. Para Canetti, el empeño que trocea y dispersa su mensaje es parte precisamente de la batalla contra la muerte, su objetivo principal. Otros buscan la unidad y luchan por no desintegrarse, pero él sabe que la muerte es el enemigo que nos unifica irreversiblemente con su universalidad, por eso sigue la estrategia opuesta: «¡Cómo debe repartirse una y mil veces para conservar el aliento mediante el cual aspira al mundo! (...) ¡Cómo tiene que guardarse de calar hondo en demasiadas cosas, pues todo aquello en lo que cala se le acaba convirtiendo en nada!». Lo que pretende llegar al fondo, fijo y perpetuo, es precisamente la clave de lo que nos aniquila.

Como Unamuno a su modo y como Cioran al suyo, Canetti se zafa de la obligación de dar cuenta y razón metafísica de la protesta inverosímil que alza en él su voz contra lo irremediable. No le desanima verse ultrajado por exceso de subjetivismo. Al contrario, se regodea en ello y de este modo se hace insustituible para el lector y quizá también para quien pretende comenzar a escribir: «Di tus cosas más personales, dilas, es lo único que importa, no te avergüences, las generales están en el periódico».

DE PROFUNDIS

Una de las versiones más tradicionales del sentido de la filosofía es que se trata de una preparación para la muerte. Este planteamiento de tanatorio comienza en el *Fedón* y queda precisado definitivamente por Cicerón, mientras que Montaigne se hace eco de él en sus primeros ensayos y después se va distanciando con cierta ironía. No tanta desde luego como la de Madame du Deffand: «¿Aprender a bien morir? ¡Qué capricho! Yo a todo el mundo le he visto hacerlo a la primera y perfectamente...».

En cualquier caso, nuestra mortalidad tiene un vínculo irrompible con el pensamiento: saber que vamos a morir da que pensar y a algunos les convierte en pensadores... de por vida. La muerte filosófica por excelencia, claro está, es la de Sócrates: la más célebre de nuestra tradición, junto a la de Jesucristo. Pero hay varias versiones de ella y numerosas interpretaciones, no todas favorables a Sócrates. Emily Wilson las estudia de un modo bastante completo e inteligente en *La muerte de Sócrates* (Biblioteca Buridán) que lleva un subtítulo muy descriptivo: «héroe, villano, charlatán, santo». Omite «sabio», es curioso, aunque así coincide con las reiteradas profesiones de ignorancia del propio interesado. Lo indudable es que cada época intelectual ha tenido su propia versión hegemónica de la muerte socrática, que siempre dice más de las preocupaciones de esos presentes sucesivos que de lo ocurrido en Atenas aquel día del 399 a. C.

Jesucristo murió por todos nosotros, pero luego cada cual tiene que morir su propia muerte; de igual modo, Sócrates murió por y para la filosofía, pero después cada filósofo estira la pata a su modo y según le toca. Un amplio catálogo de estos fallecimientos insignes lo encontramos en *El libro de los filósofos muertos*, de Simon Critchley (ed. Taurus), que pasa revista a la despedida de ciento noventa pensadores de mayor o menor talla. Su lectura justifica el sarcasmo de Madame du Deffand, porque no hay mucho de sublime en tales fallecimientos y sí bastante de improvisado, como en el de cualquiera: atracones, caídas, enfriamientos, excesos eróticos, atropellos o degeneración senil. Por cierto, a pesar de que aparecen necrológicas de numerosas mujeres sabias, no se cuenta la muerte de la propia marquesa du Deffand, que murió muy anciana y ciega: en la agonía, la gran libertina oyó los sollozos del viejo lacayo que le había servido durante medio siglo y exclamó, casi triunfal: «¡Ah, luego me amabas!». Simon Critchley es un pensador interesante, aunque la única obra anterior que conozco de él, «Muy poco... casi nada» (ed. Marbot), prueba los estragos deconstruccionistas que algunos maestros franceses pueden provocar en el cerebro anglosajón (uno de los capítulos se titula «¿Cómo leería Blanchot a Blanchot si no fuera Blanchot?» y cosas así). Más humor demuestra ahora cuando se incluye como último filósofo de su lista, recurriendo para conjeturar su muerte a la más célebre acotación escénica shakesperiana: «Sale, perseguido por un oso».

¿Puede existir una pedagogía de la muerte? Mar Cortina Selva, presidenta de la Sociedad Española de Tanatología, y Agustín de la Herrán Gascón han preparado un prolijo manual para educación infantil primaria y secundaria titulado *La muerte y su didáctica* (ed. Universitas). Aunque nos asuste como asignatura, la escuela no puede consentir que todo lo que los niños vayan sabiendo de la muerte les llegue por medio de leyendas piadosas o de tiroteos televisados... Por su parte, la doctora Iona Heath, en *Ayudar a morir* (ed. Katz) apoya su larga experiencia en testimonios literarios para tratar de obtener algunas reflexiones paliativas sobre el trance fatal. Tanto ella como John Berger, prologuista del libro, son partidarios de que los pacientes mueran en su casa y rodeados de seres queridos. Montaigne era de otra opinión y decía preferir una muerte lejana entre desconocidos, como si el definitivo desarraigo de la vida exigiera ese ensayo de exilio antes de consumarse...

¿Quién mirará mi rostro después del final, cuando yo no pueda ya mirar? No hay buena muerte, ni mala: solo muerte, la muerte a secas. A fin de cuentas, ni la filosofía ni nadie puede prepararnos mejor para el trance que algunas palabras sencillas, como éstas de Stanley Cavell: «Lo que nos pasa cuando llega la muerte del cuerpo es lo que le pasa a la música cuando deja de sonar. Hay un periodo de reverberación, y luego nada».

DESCONSOLADO ÉXTASIS

La obra de Cioran llegó a ser (relativamente) conocida en España bastante antes que en Francia. Mientras que en su país de adopción no le llegó el reconocimiento hasta *Ejercicios de admiración*, a mediados de los ochenta, entre nosotros se hizo popular una década antes. O sea, a finales del franquismo y no en tiempos del llamado «desencanto» democrático, como puede creer algún indocumentado. Desde entonces, entre los lectores hispánicos de éste y del otro lado del Atlántico la presencia de Cioran ha sido permanente y hasta casi obsesiva. Citas, glosas y de vez en cuando todo un libro, como *El universo malogrado* (ed. Tres Fronteras) de Jose Ignacio Nájera, escrito en forma de carta póstuma a Cioran y dónde se repasan de forma empática los principales títulos y temas del autor.

Pero este año también ha vuelto a hablarse en Francia del apátrida rumano (un oxímoron muy de su gusto). En primer lugar, desde luego, por el monumental «cahier» que le ha dedicado L'Herne, un sucedáneo de inmortalidad a la francesa. En el volumen, además de inéditos de Cioran, se incluyen comentarios y testimonios de Clement Rosset, Constantin Noica, Claude Mauriac, Gabriel Marcel, Peter Sloterdijk y muchos otros, algunos previsibles como Michel Onfray y otros más inesperados, como Edward W. Said. Además de numerosas cartas, destacan un par de entrevistas con el propio Cioran y por encima de todo una con su inolvidable compañera Simone Boué, que es lo mejor y más emocionante del libro. En una *plaquette* aparte, L'Herne ha sacado también un inédito de Cioran sobre Francia. Por su parte, en PUF aparece *Cioran dans mes souvenirs*, de Mario Andrea Rigoni, su amigo durante muchos años y traductor de Leopardi al francés. Por no mencionar a sus imitadores, como Frédéric Schiffter, cuyas *Délectations moroses* (ed. Le Dilettante) quedan lejos del modelo aunque no carecen de algún buen golpe: «La vida no tiene un sentido sino dos: se entra de cabeza y se sale con los pies por delante».

En uno de sus artículos del *New Yorker* (ed.

Siruela), George Steiner critica acerbamente a Cioran: es demasiado fácil, repite a Pascal o de Maistre, carece del trasfondo de un pensamiento político serio... No están hechos para entenderse. Aunque de gama alta, Steiner es un cronista cultural: por tanto, lo contrario de Cioran, cuyo pensamiento vivido solo se ocupa de las cosas que *no* pasan, no de las que pasan. Es decir, trata de la dimensión inmanejable de lo que podemos saber: la verdad no operable, en fase terminal. En 1949, cuando publicó su esencial *Breviario de podredumbre*, Albert Camus le aconsejó amablemente que se integrase «en el circuito de las ideas». Respuesta: «¡que te jodan!». Una tarde le conté exaltado mi entrevista con Peter O'Toole en el Festival de San Sebastián y me escuchó con afectuosa extrañeza; después Simone me aclaró que nunca iba al cine ni veía la televisión. Steiner compara desfavorablemente sus aforismos con la «conciencia histórica observadora» de *Minima moralia* de Adorno, cuando la conciencia de Cioran observa precisamente lo que la historia no registra. Era un místico del sinsentido y del dolor, solo capaz de éxtasis sin fulgor sacro. Visionario de laconismo elocuente, fue desmesurado y agresivo en su ironía, pero careció de *fatuidad* intelectual. No, Steiner no puede entenderle.

DIMINUENDO

Siempre he considerado una mala jugada de las musas el estar tan pésimamente dotado para el género aforístico. ¡Me gusta tánto leer breverías y otras microcosas! Pero para escribirlas hace falta algo más que ingenio y fervor por la concisión, un no-se-qué contrario a desparramar unido a saber empaquetar con elegancia la lucidez. También contentarse con una perspectiva verídica, renunciando a la opuesta que quizá no le es menos: de éso nunca he sido capaz. Me consuelo pensando que un talento en teoría tan propicio al género como Voltaire tampoco lo practicó, pese a que su obra inmensa está llena de aforismos digamos involuntarios (hace años me deleité en fabricar con ellos una antología). Pero antes y después de él, así como en su época ilustrada, tuvo compatriotas que destacaron en el cincelado de incomparables miniaturas: Pascal, La Rochefoucauld, La Bruyère, Chamfort, Vauvenargues, Joubert... Todos están hoy al alcance del lector español en un solo volumen (que merece vaciar media estantería para hacerle sitio) preparado con mimo y saber por Jose Antonio Millán Alba para la Biblioteca de Literatura Universal, por encargo del inolvidable Claudio Guillén. No imagino compañía mejor para todas las estaciones y todas las edades.

Regresando de los clásicos, el género breve también tiene ahora excelentes cultivadores en lengua castellana, a quienes los aficionados valoramos quizá más que a los autores de obras copiosas. Desde hace más de una década disfruto particularmente con las sucesivas entregas de Ramón Eder, la última de las cuales se llama *Ironías* (ed. Eclipsados). En ocasiones logra auténticos micropoemas inspirados: «Muchas veces he intentado echar raíces, pero siempre me lo han impedido las alas». Sin duda otro de los mejores es Andrés Neuman, nacido en Buenos Aires y afincado en Granada, que con cierta frecuencia publica sus aforismos en el suplemento cultural de ABC y que hace tres años reunió unos cuantos en *El Equilibrista* (ed. Acantilado). Suele ser tan certero en sus consejos («No confundir la moral con quienes la defienden») como en sus definiciones: «Religión: asombro mal encauzado». También en Granada radica la editorial Cuadernos del Vigía, que ha lanzado una colección dedicada al aforismo que se inicia muy satisfactoriamente con *Electrones*, de Carlos Marzal. El libro se abre con una constatación inmejorable: «A nadie le resultan demasiado graves sus defectos, en especial el de no considerar sus defectos demasiado graves».

A veces el género mínimo se pone al servicio de alguna causa intelectual específica: por ejemplo los «afuerismos» —así los llama él— que Ángel de Frutos Salvador reúne en *Puentes en el desierto* (ed. Junta de Castilla y León), dispositivos ingeniosos para ilustrar sapiencia psicoanalítica y sobre todo lacaniana. El notorio gusto por el *calembour* de Frère Jacques encuentra aquí numerosas réplicas afortunadas («Lo que falta. Lo fatal») aunque cuanto más cautivado esté el lector por la doctrina freudiana más disfrutará de ellas. Por supuesto, uno de los santos patronos en nuestra lengua de la brevería es el *Juan de Mairena* de Antonio Machado. Y se le siguen tributando homenajes cuya excelencia les salva a veces de caer en el simple pastiche, como es el caso de *La razón y otras dudas* (ed. Pre-Textos) del jerezano José Mateos. Los dos maestros de docencia improbable que se inventa en la traza de Mairena, don Juan Espectro y don Eugenio Liendres, cubren las suplencias del maestro con sabrosa donosura y personalidad propia, aportando algo menos de racionalismo y algo más de melancolía. De vez en cuando desafían al espíritu de los tiempos, como cuando don Juan Espectro define lo políticamente correcto que es «la mojigatería del demócrata y consiste en estirar lo sensato hasta la estupidez».

¿Lo mejor del aforismo? Que a diferencia de la novela, el ensayo, el drama en tres actos y hasta la poesía, no admite ni la dilación ni el relleno, las dos trabajosas muletas del oficio literario.

EDUCACIÓN Y TOLERANCIA

Que el mundo está desordenado por la injusticia y la violencia, es una constatación inapelable de cualquier conciencia sana; y que por lo visto debemos ser nosotros los nacidos para remediarlo resulta una mala pasada del destino, como señaló oportunamente Hamlet. Ahora bien, la pregunta es: ¿qué podemos hacer? O, por plantearla de otro modo: ¿cómo ser eficazmente revolucionarios? La revolución entendida como guerra civil entre clases, como asalto al Palacio de Invierno, resulta poco tentadora en los países desarrollados pues crearía ciertamente nuevos males y no es seguro que resolviese ninguno de los antiguos. Nuestras democracias aspiran a transformar y mejorar sus instituciones, no a destruirlas. Hemos aprendido ya la lección de Albert

Camus, cuando advirtió que en política son los medios los que justifican el fin. Pero esta lección de prudencia y de cordura no puede confundirse con un baño de resignación. Es preciso combatir lo que detestamos sin destruir indiscriminadamente lo que ya hemos conseguido desde hace por lo menos un par de siglos. Aunque no compartamos el simplismo brutal de quienes creen que basta con bombardear a los fanáticos (y también, ay, a quienes inocentemente les rodean) para acabar con los terrores que nos amenazan, es evidente que algo radical y profundo debe ser intentado para que los mejores logros civilizados no sean simples promesas o patrimonio exclusivo de alguna élites. De modo que podemos compartir la desazón de Hamlet: ¿por dónde empezar la revolución difícil pero necesaria? Pues bien, yo elegiría comenzar por la educación.

Por supuesto, la educación a la que me refiero no consiste en la instrucción básica ni en la mera preparación para desempeñar tareas laborales en cualquier campo, por esencial que sea la adquisición de tales conocimientos y destrezas. Ni siquiera estoy pensando en la educación como proceso que nos familiariza con los más distinguidos hábitos culturales (historia, geografía, artes plásticas, literatura, idiomas extranjeros...) aunque sin su desarrollo sea imposible imaginar una verdadera formación humana plena. Cuando hablo de educación aquí apunto a lo que —a falta de término más preciso— denomino educación *cívica,* es decir: la preparación que faculta para vivir políticamente con los demás en la ciudad democrática, participando en la gestión paritaria de los asuntos públicos y con capacidad para distinguir entre lo justo y lo injusto. Si las pasiones gremiales no me ciegan, me creo autorizado a suponer que esta concepción de la educación tiene especialmente que ver con la filosofía, tanto por su reflexión sobre la práctica social y los valores que la orientan como por su preparación para la *comunicación argumentada.* En uno de los últimos libros de John Kenneth Galbraith recuerdo haber leído algo semejante a esto: «Todas las democracias contemporáneas viven bajo el temor permanente a la influencia de los ignorantes». Es a tal temor y a la forma de prevenirlo a lo que se refiere la educación cívica. Siempre si no me equivoco, la ignorancia de la que habla Galbraith no es primordialmente la falta de conocimientos científicos o datos fiables sobre materias concretas, sino algo más radical y sobre todo más directamente relacionado con el funcionamiento mismo del sistema democrático: la incapacidad para expresar demandas sociales inteligibles a la comunidad o para comprender las formuladas por otros, el bloqueo que impide argumentar o calibrar los argumentos ajenos (orales o escritos), la carencia de un mínimo sentido de los derechos y deberes que supone —e impone— la vida en sociedad más allá de las adhesiones patológicas a la tribu o la etnia. Este tipo de ignorantes, todos ellos con derecho a voto, se opondrán probablemente a las reformas necesarias que impliquen algún sacrificio y secundarán a los demagogos que les prometan paraísos gratuitos o la revancha brutal de sus frustraciones a costa de cualquier chivo expiatorio. El auténtico problema de la democracia no consiste en el habitual enfrentamiento entre una mayoría silenciosa y una minoría reivindicativa o locuaz, sino en el predominio general de la marea de la ignorancia. ¿Qué otra cosa puede contribuir mejor a resolverlo que la educación cívica?

Amy Guttman, una destacada teórica de la educación democrática, insiste en recordar el dictamen de Aristóteles en su tratado de política, cuando afirma que «nadie puede llegar a gobernar sin haber sido antes gobernado».

Pues se trata precisamente de eso: haber sido propedeuticamente gobernado, es decir, aprender a obedecer a las leyes y las autoridades legítimas, asumir los valores compartidos, recibir lecciones prácticas de equidad, etc...es un requisito imprescindible para poder llegar en su día a gobernar con responsabilidad. El destino de gobernante, en los regímenes autocráticos u oligárquicos, corresponde a unos pocos y por tanto en tales sociedades solo esos elegidos serán preparados para la dirección de la colectividad. Pero lo característico de las democracias es que en ellas no hay especialistas en mandar y especialistas en obedecer, sino que todos los ciudadanos deben ejercer alternativamente ambos papeles. Por eso son ciudadanos, porque participan en el gobierno y aprueban o revocan las leyes por las que se rige la comunidad. Esa tarea exige como es obvio un adiestramiento que no puede dejarse al azar de la propaganda o la demagogia. Llamamos «cívica» a la educación que prepara gobernantes, es decir, ciudadanos *optimo iure*. En su libro «Ser ciudadano», el profesor inglés Paul Barry Clarke establece: «Ser un ciudadano pleno significa participar tanto en la dirección de la propia vida como en la definición de algunos de sus parámetros generales; significa tener conciencia de que se actúa en y para un mundo compartido con otros y de que nuestras respectivas identidades individuales se relacionan y se crean mutuamente». Es decir, gestión de lo propio en interacción con lo que tenemos en común con nuestros iguales. En las democracias, toda educación cívica es escuela para príncipes; aunque destinada a formar unos príncipes que paradójicamente deben saberse *inter pares* pero no por encima de ellos. Disfrutando una condición que confiere a todos capacidad de mando y a nadie privilegios. En todas las sociedades sus miembros son «objeto» de las leyes, pero solo en los sistemas democráticos son también «sujetos» de ellas e intervienen en acordar lo que debe ser hecho en común.

De modo que la educación cívica tiene que proponerse formar gobernantes y legisladores, para evitar en nuestras sociedades la influencia letal de esos ignorantes cuyo predominio alarma según Galbraith en todas partes (aunque habría que señalar que alarma solo a quienes pretenden utilizar las instituciones democráticas para radicalizar la libertad y la igualdad efectivas, pues no faltan tampoco manipuladores y demagogos que confían en él para perpetuar su hegemonía). La primera asignatura de esa educación debe consistir en enseñar a *deliberar* y en dotar de los medios imprescindibles para la deliberación a los ciudadanos neófitos. Como sabemos al menos desde Aristóteles, solo deliberamos sobre aquello que depende de nosotros y que podemos cambiar voluntariamente. Así que no deliberamos sobre el hecho inamovible de nuestra *pertenencia* (sexual, étnica, familiar, genealógica, etc...) que debemos asumir con resignación más o menos acrítica sino sobre nuestras formas sociales de *participación* en proyectos políticos, religiosos o culturales en los que tomaremos o no parte de acuerdo con nuestro criterio y que nos obligarán quizá a reinterpretar el alcance de nuestras pertenencias. En una palabra, deliberamos sobre el rumbo a seguir y no sobre el puerto de partida. Pero tal capacidad de deliberación implica que el rumbo nunca esté necesaria e inamoviblemente determinado por el puerto del que se parte: supone planear y quizá rectificar planes, jamás sufrir inexorablemente un destino sobre el que no cabe discusión. Sería superfluo educar cívicamente a quienes padeciesen o creyesen padecer alguna maldición supersticiosa que les impide elegir.

Preparar para la deliberación consiste en

formar caracteres humanos susceptibles de persuasión: es decir, capaces de persuadir y dispuestos a ser persuadidos. Ambas cosas son imprescindibles para erradicar la violencia civil, que siempre proviene de quienes son incapaces de articular convincentemente demandas sociales o de comprender la fuerza argumental de las que se les proponen u oponen. La educación cívica tiene que intentar promover ciudadanos susceptibles de sentir y apreciar la fuerza de las razones, no las razones de la fuerza. Porque la deliberación es una tarea de puesta en común de razones y necesita fomentar la expresión y la comprensión: proponer sin imponer, aceptar sin sentir humillación, ser capaz de acuerdos y transacciones. Como Camus dijo en otra ocasión, la democracia es un ejercicio de humildad social: aceptar que todos somos necesarios, que la cordura de cada uno necesita como límite que la haga efectiva las razones opuestas de otros que deben vivir con él. También implica asumir que vivimos en lo deliberado, no en lo fatalmente impuesto. De ahí que ninguna pertenencia puede servir de excusa para privar a nadie —sea cual fuere su sexo, origen, raza o condición familiar— de la educación cívica que le permitirá participar en la gestión de lo común. Por encima de cualquier otra determinación, compartimos el ser racionales y por tanto razonables, es decir protagonistas y no comparsas del drama social que interpretamos juntos. Como establece Patrice Canivez: «Reconocer a otro la cualidad de sujeto en tanto que ser razonable, es reconocerle *ipso facto* el derecho a la educación. Pues la educación es lo que le permite llegar a ser lo que es: un ser de pensamiento, de palabra y de comunicación. Uno de los derechos fundamentales de todo hombre, junto a la libertad, es así tener los medios intelectuales para la libertad» (*Éduquer le citoyen?*, ed. Hatier, p.87).

En nuestras sociedades pluralistas, la cuestión de la educación cívica está directamente ligada al tema de la *tolerancia.* No hay educación cívica que no fomente la tolerancia democrática: pero no es educación cívica la que tolera cualquier idea o conducta, es decir, la que no distingue entre tolerancia e indiferencia suicida. Hay que detenerse un poco en este aspecto porque creo que es actualmente fuente de peligrosos equívocos. Toda educación es una reflexión sobre la cultura efectivamente compartida para buscar en ella aquello que debe ser promovido y perpetuado. El objetivo de la educación es la reproducción social *cons-*

ciente: no el intento de fotocopiar el orden establecido hasta en sus peores defectos sino una selección crítica de sus aspectos científicos y valorativos más promisorios. En nuestro caso, de lo que se trata es de establecer lo mejor no de cualquier cultura o de todas un poco por igual sino de la *cultura democrática*. No todas las culturas son democráticas y por lo tanto no todas merecen el mismo lugar y reconocimiento en la educación cívica: sería absurdo que educásemos a nuestros jóvenes lo mismo para un sistema parlamentario que para un régimen feudal, o sin tomar partido entre la igualdad de todas las personas y la discriminación por raza o sexo, o concediendo el mismo rango epistemológico al método científico y a la magia simpática de los chamanes. Educar es preferir y reforzar, no acatar cualquier tradición como si la razón no pudiese discriminar entre ellas. Ciertos aspectos de la vida pueden ser enfocados desde diferentes perspectivas culturales: en general, se trata de cuestiones relacionadas con cómo disfrutar la existencia o buscar la perfección espiritual. Ese pluralismo es enriquecedor e inspira a quienes lo comparten. Pero en lo tocante a las garantías y obligaciones de los ciudadanos, sin duda la pauta común la impone el marco constitucional democrático fundado en la declaración de derechos humanos. Que no puede ser abolido o relativizado porque contraste con ciertas costumbres de grupos particulares dentro de la sociedad. Después de todo, la democracia moderna ha consistido en una revolución contra numerosos y poderosos absolutos ancestrales y toda revolución descarta aspectos del pasado para fundar la orientación del futuro.

Uno de los planteamientos falsamente tolerantes que pervierten la educación cívica y amenazan la subsistencia misma de la democracia es el que suele formularse así: «en democracia, todas las opiniones son respetables». No es cierto. Precisamente porque en las sociedades democráticas todo el mundo puede expresarse, debatir y votar —así como disfrutar de garantías protectoras— no todas las opiniones deben ser igualmente «respetadas», si por tal cosa se entiende que hay que aceptarlas sin crítica ni protesta. En las democracias todas las personas son igualmente respetables, pero no todas las opiniones: ¡ni mucho menos! Me atrevo a decir que hoy en día ocurre frecuentemente lo contrario, es decir, que en muchas ocasiones se respeta menos a las personas que a las ideas o que se niega el debido respeto a los derechos humanos de las personas por una veneración idolátrica a cualquier tipo de ideas. Y es que la tolerancia exige establecer un marco común de cultura democrática —prioritaria sobre cualquier otra— que debe ser acatado: de modo que los ciudadanos que viven bajo dicho marco habrán de renunciar al ejercicio de la intolerancia según criterios privados para gozar por igual de la tolerancia pública. El criterio es especialmente importante en lo tocante a cuestiones de religión: en democracia se respeta el derecho a la libertad religiosa pero no se admite que nadie convierta su credo en *deber* para ningún otro, ni mucho menos que exija un estatuto legal distinto que el del resto de los ciudadanos. En un estado democrático existe el derecho a la diferencia pero no la diferencia de derechos. Esta visión de la tolerancia exige aprender a relativizar la adhesión a ciertas creencias y cultos: podemos practicarlos y difundirlos siempre que no vayan contra las leyes o los derechos humanos, pero también debemos ser capaces de soportar que otros los rechacen e incluso ridiculicen. Ser tolerante es convivir con lo que uno desaprueba...¡y con quienes le desaprueban a uno!

En último término, lo que la educación cívica enseña respecto a la tolerancia puede resumirse así: *se puede ser humano de muchas maneras*...pero no todas ellas son democráticas. Es preciso aprender a respetar la pluralidad de caminos que sigue lo humano (y aún esa pluralidad dista mucho de ser infinita) pero sin olvidar la insustituible defensa de los principios que fundan nuestro régimen de libertades públicas. Hay que educar para prevenir tanto el fanatismo como el relativismo (llamado a veces «multiculturalismo» por algunos postmodernos despistados). En lo tocante al fanatismo, digamos que en modo alguno se trata de una forma de firmeza en las convicciones sino más bien de todo lo contrario, de *pánico* ante el contagio posible con lo distinto. Fanático es quien no soporta vivir con los que piensan de modo distinto por miedo a descubrir que él tampoco está tan seguro como parece de lo que dice creer. Por eso Nietzsche, en uno de sus destellos de maestría psicológica, estableció que el fanatismo es la única fuerza de voluntad de la que son capaces los débiles. En cambio Séneca dibujó muy bien el perfil de la persona inteligentemente tolerante, lo suficientemente convencida de sus ideas como para interesarse sin excesos hostiles por las convicciones de sus contrarios, de las que siempre puede aprenderse algo: «acostumbro a pasar al campamento enemigo no como tránsfuga, sino como explorador (*sed tamquam explorator)*» (*Cartas a Lucilio).* Tal actitud convivencial sería un hermoso logro de la educación cívica, la cual sin embargo nada tiene que ver con el relativismo que establece el postulado falsamente tolerante de que «todas las culturas son igualmente apreciables». Es cierto que no hay culturas superiores a otras, si por tal se entiende que no tengan nada que aprender de las demás; pero no es verdad que todas sean igualmente compatibles con la democracia o que la razón no pueda elegir entre ellas los rasgos políticos y sociales más deseables. Esa capacidad de elegir, preferir y desechar es lo que precisamente debería intentar conseguir en los futuros ciudadanos la educación cívica.

LA EDUCACIÓN IRREMEDIABLE

Durante muchos años, algunos nostálgicos hemos mantenido intacto el culto a la escuela republicana francesa como ideal de esa educación ilustrada, igualitaria y laica que en tantos sitios nunca se ha logrado y en otros parece haberse perdido. Sin embargo, hoy también ese envidiable parangón está en entredicho y padece peligrosas asechanzas. Pero como quien tuvo retuvo, esa relativa degradación es vista como un serio problema social y político por nuestros vecinos. Menudean los artículos sobre el tema en los principales periódicos y han aparecido o están a punto de aparecer diversos libros que debaten la situación con amplio eco público. El proceso de corrupción gradual de la escuela republicana sigue pautas que nosotros en España conocemos ya bastante bien: los reaccionarios de derechas que se oponen a la separación efectiva de la Iglesia y el Estado pretenden en cambio imponer la separación gradual del Estado y la educación. A este fin procuran presentar como una «modernización» cuanto favorece el crecimiento de la escuela privada, con un truco impecable: lograr que quienes compiten con ella desde lo privado, por medio de concertaciones, lo hagan con el apoyo de los mismos fondos públicos.

El paso siguiente será el bono o cheque escolar, que permitirá a los padres mayor capacidad de elección de centro... lo cual favorece a quienes tienen más nivel cultural previo para ejercer la elección y desprotege a las familias que poco o nada saben de tales cuestiones. Ya no se trata de «los chicos con los chicos, las chicas con las chicas» sino también «los hijos de los cultos y los acomodados con sus iguales, los pobretes con quienes les toque al final de la cola». Como concluyó un estudio llevado a cabo en 2007 por la APED (Appel pour une école democratique) «En el contexto de los países industrializados avanzados de Europa occidental, el aumento de libertad de elección en materia de enseñanza primaria y secundaria se traduce como media por un aumento importante de la determinación social de las prestaciones escolares y por tanto de la desigualdad». En Francia esto equivale a un empobrecimiento de recursos para la educación pública, disminución de horas de clase (solo cuatro días a la semana), temarios cada vez más escuálidos y confusos... Esto es al menos lo que denuncia el diputado socialista Jack Lang, que fue ministro de cultura y ministro de educación, en su carta a Xavier Darcos (actual ministro de educación) titulada *L'école abandonée* (ed. Calman-Lévy) y también lo que sostiene Muriel Fitoussi en su *Main basse sur l'école publique* (ed. Demopolis), libros destinados a crear polémica en esta *rentrée*.

Desde luego, este nivel de discusión no tiene lugar entre nosotros. Aquí la cuestión educativa fundamental es el tema de la asignatura Educación para la Ciudadanía, convertida en problema por la manipulación mentirosa de la jerarquía católica secundada por los representantes más miopes del PP, querella encima achacada por algunos medios a la intransigencia gubernamental, cuando el ministerio ha estado siempre a la defensiva en este tema y de modo bastante timorato. Resulta que después de tantos seminarios y discursos sobre la urgencia de la «educación en valores», ahora los inquisidores decretan que educar en valores es adoctrinamiento intolerable: y últimamente ya no solo van contra la Educación para la Ciudadanía sino también contra la de Ciencias para el mundo contemporáneo, culpable de contraponer el trabajo científico basado en pruebas a las creencias, que quedan reducidas a meras opiniones (según denuncia ese nuevo *Malleus Maleficarum* que es el suplemento «Alfa & Omega» de *ABC*). ¡Y éstos son los que llaman arcaicos a los «progres»!

La segunda preocupación de las autoridades educativas de nuestro país, en este caso nacionalistas, es asegurar la inmersión lingüística de los alumnos y garantizar que no estudien en castellano ni por casualidad para que no se distraigan y aprendan bien la lengua que cuenta, que es siempre la «otra». A este respecto no deja de ser interesante uno de los pocos puntos de acuerdo que tiene Jack Lang con el actual ministro de educación al que critica en el libro antes mencionado: «Estos programas aprobados por usted se ordenan alrededor de la columna vertebral de la cultura: la lengua nacional, nuestra casa común. De ella procede todo. Hacia ella todo converge. Madre de las otras disciplinas, es el saber de los saberes. Un niño que no encuentra la llave de acceso a nuestra lengua es un niño herido, mutilado, humillado, excluido». Quien así habla —¡no quiero ni pensar lo que le llamarían aquí!— es un socialista *francés* (no bretón, ni vasco, ni provenzal, ni corso, ni normando, ni...), es decir una variedad política sin equivalente hoy en España.

De modo que cuestiones más sofisticadas o sencillamente menos sectarias no reciben atención pública ninguna entre nosotros. Por ejemplo el libro de Daniel Pennac *Mal de escuela* (ed. Mondadori, con meritoria traducción de Manuel Serrat) ha suscitado un notable revuelo en Francia: no trata de asignaturas ni de leyes educativas, sino del proceso de aprendizaje visto desde el que no aprende, el *cancre* o zoquete, que en este caso es un popular escritor hablando en primera persona. Una obra paralela aunque con la perspectiva opuesta —el profesor que quiere pero que apenas puede enseñar— fue publicada hace muy poco en España: *El profesor en la trinchera*, de José Sánchez Tortosa (ed. La esfera de los libros). En este caso no hubo revuelo público, ni polémica, ni nada de nada, ¡ay!. Ambos libros son alarmantes y divertidos, humorísticos y algo trágicos, aunque a mi juicio es superior el de Sánchez Tortosa, porque el de Pennac —simpático y perspicaz, desde luego— resulta bastante repetitivo y finalmente un poco «blando». Sin embargo ya digo: como si nada. Si entre nosotros se habla de alguno, será del francés y no del que describe lo que ocurre en nuestros institutos: así vamos, culturalmente hablando.

En cualquier caso, el libro de Pennac tiene muchas cosas valientes y de interés. Por ejemplo, ahora que tanta lata nos dan con que la educación es propiedad de los padres, su defensa del papel de la escuela: «Todo lo malo que se cuenta de la escuela nos oculta los numerosos niños a los que ha salvado de las taras, de los prejuicios, de la abulia, de la ignorancia, de la estupidez, de la avidez, de la inmovilidad o del fatalismo de las familias». Y también su reivindicación del papel singular e inexcusable de los buenos maestros, más importante que los planes de estudio, la tolerancia de los pedagogos progres o la exigencia de disciplina de los autoritarios para rescatar al zoquete de su condición de tal: «basta un profesor —¡uno solo!— para salvarnos de nosotros mismos y hacernos olvidar a todos los demás».

Como cualquiera que conoce de lo que está hablando, sea conservador o revolucionario (excluyendo a JacquesRanciére), Pennac describe el proceso educativo como el choque más o menos violento del saber con la ignorancia. O si se prefiere, del relativo saber con la relativa ignorancia. Esa pugna siempre encierra esfuerzo: «la idea de que pueda enseñarse sin dificultad proviene de una representación etérea del alumno». La sociedad puede obstaculizar la labor de los profesores o retribuirla mal, pero no puede convertirla en un proceso fácil, automatizado. El alumno que no quiere aprender, que se aburre en clase, que piensa en otras cosas, que no comprende las razones por las que se le priva de su ocio y sus diversiones, no es un caso imposible, sino normal. La chiripa es el alumno que no desea más que aprender, que ruega que le enseñen, que se interesa por toda disciplina intelectual: los hay, pero no se puede confiar en su aparición ni exigirlos como no se puede dar por hecho que hallaremos tréboles de cuatro hojas. Pennac avisa a sus colegas profesores: el caso normal es el *cancre*, el zoquete y no el empollón. Y el buen profesor no es el que se impacienta ante los zoquetes o culpa al universo (o al gobierno de turno) por producirlos, sino quien tiene *el sentido de la ignorancia*, es decir quien mejor posee «la aptitud de concebir el estado del que ignora lo que uno sabe». Por eso quizá los ex-zoquetes lleguen a ser mejores maestros que los que fueron sabios desde pequeñitos.

La educación es *irremediable*, no en el sentido de que no tenga arreglo sino porque siempre se deberá enfrentar a otras enseñanzas: las de la calle, las de los más bribones, las de quienes obtienen éxito fácil o resplandor fatuo en los medios de comunicación. Nadie se queda sin aprender, lo importante es saber quién va a enseñar y qué se va a enseñar. Y la pregunta que nos hacemos quienes no queremos que enseñen los peores es: ¿llegaremos a tiempo?

LA EDUCACIÓN LIBERAL

Si me piden dar motivos de especial afecto por Michael Oakeshott, sin duda uno de los más destacados filósofos ingleses del pasado siglo, aportaré dos. Para empezar, debutó con un librito escrito en colaboración con un amigo y titulado *A Guide to the Classics*. ¿Un vademécum para leer a Platón, Maquiavelo o Hobbes? El subtítulo aclara que las clásicas a las que se refiere no son obras filosóficas sino carreras de caballos: «Cómo acertar el ganador del Derby». Cuentan los afortunados hípicos que la leyeron que es una breve maravilla de agudeza. Segundo mérito: cuando cumplió setenta años se le incluyó en la lista de los que iban a recibir el título de «sir» de manos de la reina, pero fue borrado apresuradamente cuando se le detuvo en un playa por hacer el amor con una mujer que, para mayor pecado, era la suya. Nunca llegó a par, pero para mí permanece sin par entre tantos profesores insignes.

Como Isaiah Berlin (el único pensador político comparable en la Inglaterra de su época), Oakeshott no escribió propiamente libros: solo ensayos más o menos largos publicados en revistas especializadas y reunidos luego en volumen por su exegeta Timothy Fuller. Así son los titulados *El racionalismo en la política* y *La política de la fe y la política del escepticismo*, ambos editados por Fondo de Cultura Económica. Y también su libro póstumo *La voz del aprendizaje liberal* (ed. Katz) que recopila sus escritos sobre el sentido y los contrasentidos de la educación. Reflexiones a contracorriente de lo que hoy profesa tanto la pedagogía progresista como la más conservadora que merecen ser recordadas.

Para él, educar consiste ante todo en iniciar a las personas en las aventuras de la autocomprensión, haciéndolas capaces de participar en la inacabable *conversación* cultural hecha de símbolos, creencias, indagaciones y sentimientos en la que históricamente crecemos y vivimos. No se compone de la escueta declaración «de que un ser humano es una inteligencia autoconsciente y reflexiva y que no vive únicamente del pan, sino de las indagaciones, las acciones y los enunciados concretos en los que los seres humanos expresaron su comprensión de la condición humana». Lo que debe transmitir la enseñanza no es una simple y atareada preparación para el presente sino distanciarnos de él en beneficio del desarrollo de nuestra condición esencial. Componente básico de la idea de «escuela» es «el alejamiento del mundo inmediato y local del estudiante, de las preocupaciones de momento de ese mundo y de la dirección que éste le da a la atención del estudiante, ya que tal es el significado correcto de la palabra *schole* (y no 'tiempo libre' ni 'ocio')».

Por tanto el compromiso educativo es a la vez una disciplina y una liberación; la una es posible en virtud de la otra. «La recompensa es una emancipación del mero 'hecho de vivir', de las contingencias inmediatas de lugar y tiempo de nacimiento, de la tiranía del momento y del servilismo de una mera condición actual; es el reconocimiento de una identidad humana y de un carácter capaz, en cierta medida, de la aventura moral e intelectual que constituye una vida específicamente humana». El pensamiento de Oakeshott es liberal sin el relente de pragmatismo botijero que el término merece entre nosotros. Aún podríamos citar aquí su crítica a la idea de la ciencia como modelo de toda comprensión válida o a la sustitución automática de «humano» por «social» como apellido del aprendizaje. Prefiero esta reflexión: «Lo único indispensable para la escuela es que haya maestros; el actual énfasis en todo tipo de aparatos (no solo en el aparato de la 'enseñanza') destruye casi por completo la escuela». Escrito en 1972...

EL EXTRAÑO CASO DEL SEÑOR SCHOPENHAUER

***Parerga y paralipómena*, de Arthur Schopenhauer, trad. J. R. Hernández Arias, L. F. Moreno Claros y A. Izquierdo. Madrid, ed. Valdemar, 1115 pags.

Hoy no hay nada tan vulgar como ser alguien fuera de lo común, pero en otros tiempos era una cosa más rara y sobre todo mucho más arriesgada. Se precisaba cierto coraje, bastante dinero y elegir con cuidado no ya el país —eso aún contaba poco— sino la localidad en la que uno se instalaba. Arthur Schopenhauer contó con una herencia suficiente gracias a su buen padre comerciante (nada que ver con su detestada madre, la frívola y novelera Joanna) y tras hacer su *grand tour* europeo y fracasar como profesor universitario en Berlín fijó su residencia en Frankfurt, ciudad con buenos restaurantes, bastantes teatros y poco inquisidores. De coraje no andaba demasiado sobrado en lo tocante a ladrones, plebe levantisca y otras incomodidades sociales, pero en cambio lo tenía de sobra para cantar lo que él consideraba no «su» sino «la» verdad al mismísimo lucero del alba. Por lo demás, todo un carácter: mujeriego y misógino, caústico contra las autoridades religiosas y académicas, de un carácter atrabiliario que le llevó alguna vez a los juzgados. *Bon vivant*, desde luego, y convencido de su superioridad intelectual: al compañero de mesa que le reprochó que comía por dos, le repuso «bueno, también pienso por dos...».

Cuando publicó su gran obra, *El mundo como voluntad y como representación* (tenemos la buena edición de Roberto Rodríguez Aramayo, FCE-Galaxia Gutenberg, 2003), el treintañero Schopenhauer estaba convencido de alcanzar de inmediato la gloria. No hubo tal, la obra pasó desapercibida y el autor acumuló nuevas razones para su pesimismo metafísico. Décadas más tarde, con más de sesenta años, publicó *Parerga y paralipómena* —una serie de añadidos y ampliaciones de aspectos de su obra principal— en una edición de 750 ejemplares por la que no cobró honorarios. Pese a que el título elegido no era precisamente comercial (sonaba a novela bizantina o algo así), la obra tuvo éxito y le granjeó el comienzo de la fama que tanto anhelaba. Algunas de sus secciones, como los célebres *Aforismos sobre el arte de saber vivir* o su casi panfletaria *Sobre la filosofía académica* fueron pronto publicadas aparte, hasta tal punto que el libro ha llegado a los lectores casi siempre a cachos.

Ahora tenemos la ocasión de tenerla completa por primera vez en castellano, en una edición fiable. Hay muchas cosas interesantes en sus páginas, pero quizá entre lo mejor esté su reflexión sobre la religión. Por supuesto, Schopenhauer sabía que hay que elegir entre ser «creyente» o «pensante» y él eligió sin dudar el segundo papel. Pero compone un interesante diálogo entre un defensor de las ideas religiosas en tanto una especie de metafísica popular (idea luego retomada por Nietzsche) y un filósofo riguroso que las rechaza en nombre de la exigencia de verdad, aún reconociendo su utilidad relativa en cuestiones morales, etc... El debate sigue teniendo actualidad.

Voy a permitirme un pequeño capricho y

conectar al pensador con un escritor contemporáneo suyo cuyo bicentenario estamos conmemorando: lo que podíamos llamar «la Poe *connection*». Schopenhauer nació ventiún años antes que Edgar Allan Poe y murió veinte años después. Si mi frágil erudición no vuelve a fallarme, nunca supieron el uno del otro. Sin embargo, tienen bastantes cosas en común. Para empezar una visión materialista y científica del mundo, pero teñida de consideraciones sombrías y amenazadoras: por decirlo así, fueron naturalistas espantados por la naturaleza. En su «Ensayo sobre las visiones de fantasmas» (incluido en *Parerga*), Schopenhauer se muestra interesado por el magnetismo —como el señor Valdemar, de triste recuerdo...— y pretende incluso ofrecer una explicación «racional» sobre ciertos muertos que se empeñan en regresar ocasionalmente entre nosotros: a Poe le hubiera sido quizá literariamente útil conocerla.

Tanto el americano como el alemán estuvieron obsesionados por la idea de la muerte aparente y la posibilidad de ser enterrados vivos (véase *El entierro prematuro* de Poe, entre otros cuentos). Hasta el punto que Schopenhauer ordenó en su testamento no ser inhumado hasta cinco días después del supuesto fallecimiento, para evitar desagradables errores. El lugar del sepelio, en cambio, le daba igual: «Es lo mismo, ya me encontrarán». Guy de Maupassant, devoto lector de Poe en la traducción de Baudelaire y ocasional discípulo (véase por ejemplo *El Horla*) escribió una narración escalofriante sobre el largo velatorio de Schopenhauer: *Junto a un muerto*. Durante la noche, el velador oye que el cadáver profiere un raro gruñido y algo sale de su boca para luego corretear por la habitación: es la dentadura postiza del difunto, expulsada de la boca por alguna contracción muscular. A Poe, al que la dentadura de los cadáveres tampoco le dejaba indiferente (véase *Berenice*), le hubiera encantado el detalle macabro...

Y, en cualquier caso, probablemente nada resume mejor la metafísica schopenhaueriana que el lúgubre estribillo del cuervo en el poema de Poe: «*nevermore*», nunca más. ¿Certidumbre de nuestra condena o única esperanza de escapar a esta prisión?

SOBRE *EL FILÓSOFO IGNORANTE* DE VOLTAIRE

Empecemos por constatar algo obvio y que sin embargo puede sonar paradójico: llamar a un filósofo «ignorante» es una redundancia. Desde sus orígenes, ser filósofo es asumir que uno no posee a «sofía», la sabiduría, sino que solamente aspira a ella con amor —«filía»— no siempre correspondido. Ya de entrada se admite que no se es un «sofós», un sabio, sino solo alguien que duda de los saberes establecidos y suspira por un saber verdadero, tan invulnerable a la duda como, ay, inalcanzable. El sabio sabe que sabe (o *cree* que sabe) mientras que el filósofo solo sabe que no sabe... pero está seguro de que le gustaría saber.

No es cuestión de modestia, nada de eso, sino al contrario exceso de *ambición intelectual*: lo que el filósofo quisiera saber es algo tan vasto y esencial que desborda los conocimientos asequibles a nuestras limitadas capacidades de observación y experiencia. Por eso sus mayores triunfos se resuelven finalmente en fracasos, por eso ningún filósofo logra poner punto final a la filosofía... ni siquiera anular definitivamente a los filósofos que le han precedido y que siguen presentes en su propia obra, dudosos y tenaces. Dedicarse de veras a la filosofía es renunciar a la resignación y a la paciencia, tan sabias. El filósofo es —y pido perdón por parafrasear a José María Pemán— un «divino impaciente».

La impaciencia de Voltaire iba por otro lado. A él no le desazonaba la ausencia de certezas definitivas y esenciales, sino la urgencia de acabar con los errores —de uno u otro tamaño— que obstaculizan el logro de una vida razonablemente dichosa y próspera para los humanos. Si alguien creyó firmemente (pese a su radical escepticismo) en el «primum vivere, deinde philosophari», ese fue Voltaire. Combinaba un agudo escepticismo respecto a la posibilidad de resolver de una vez por todas las grandes cuestiones con un optimismo militante sobre la mejora de los asuntos cotidianos: está a nuestro alcance lograr una vida más racional, más higiénica, mejor informada y menos cruel... si acabamos con prejuicios y supersticiones. Los filósofos deberían aplicarse a esta tarea y no a intentar resolver acertijos metafísicos que trascienden lo que un modesto mamífero como es el hombre puede abarcar.

Es precisamente el exceso de ambición y la presunción que la acompaña lo que ha hecho hasta hoy tan *ineficaces* a los filósofos. En un párrafo contundente de este libro, Voltaire traza un balance desolador: «Desde Tales hasta nuestros profesores de universidad, y hasta los más quiméricos razonadores e incluso hasta sus plagiarios, ningún filósofo ha influido ni siquiera en las costumbres de la calle en la que vive. ¿Por qué? Porque los hombres se conducen de acuerdo con la costumbre y no según la metafísica. Un solo hombre elocuente, hábil y acreditado logrará mucho sobre los hombres, cien filósofos no conseguirán nada mientras no sean mas que filósofos». No hace falta decir que Voltaire quiso siempre ser ese hombre elocuente e influyente y no uno más en la caterva estéril de los filósofos digamos «puros».

El filósofo ignorante aparece mencionado por primera vez en una carta de Mme. du Deffand a Walpole, fechada en 1767. Es lógico suponer que fue escrito el año anterior, es decir ya en la ancianidad del autor. Está compuesto de apuntes breves, a veces perentorios (estilo «no le dés más vueltas») y a menudo irónicos o mejor: sarcásticos. Ni siquiera Locke, al que admiró y veneró toda su vida, se salva de algunos zarpazos. Voltaire vuelve a defender su deísmo contra todo y contra todos (en especial contra actitudes como la de Spinoza, al cual sitúa perspicazmente del lado del ateísmo a pesar de hablar tanto de Dios). Para su mente práctica y ordenada, un Ser Superior que garantice el orden racional del Universo y la ley moral, pero sin mezclarse en querellas inquisitoriales ni absurdas supersticiones, es un servicio público intelectual de primera necesidad. Si por casualidad no existiera, deberíamos inventarlo y defenderlo nosotros —es decir, los humanos que queremos vivir mejor— por razones de estricta utilidad...

En las últimas líneas, constata que el «monstruo» enemigo de la razón (al que no es difícil poner nombre y apellidos, aunque varíen a lo largo de la historia) sigue activo y por tanto quien defienda la verdad corre el riesgo permanente de ser perseguido por causa de ella. Sin embargo, a pesar de esa amenaza, no debemos permanecer «ociosos en las tinieblas». Es el mensaje final de alguien que permaneció activo y combativo hasta su último aliento.

EL FOLLETINISTA PRODIGIOSO

A pesar de todas las críticas que se han formulado, a mí estéticamente no me desagrada la Biblioteca Nacional François Mitterrand, de París. Hablo de pura imagen exterior, porque sus usuarios habituales tendrán sin duda razones mejor fundadas para lamentar fallos administrativos e incomodidades que el visitante ocasional que soy desconoce. Pero esos cuatro grandes libros de cristal erguidos y enfrentados junto al Sena tienen algo de impresionante y hasta reivindicativo: ¡el poder de la lectura! Y la lectura al poder: no deja de ser simpáticamente megalómano que el astuto presidente galo quisera dejar su nombre unido precisamente a ese monumento de erudición y literatura. Después de todo, afortunadamente, estamos en Francia...

Mi más reciente visita a la biblioteca fue para ver la exposición dedicada a uno de mis escritores favoritos de todos los pesos y categorías: Gaston Leroux. ¿Por dónde empezar? En su origen (descartando unos estudios de derecho sin mayores consecuencias), Gaston Leroux fue un excelente periodista, más concretamente un reportero que cubrió brillante y eficazmente acontecimientos como el asunto Dreyfus, la expedición polar Nordenskjöld o el final del zarismo y los comienzos de la revolución rusa. Podría haberse quedado ahí, pero tuvo la suerte de regañar con el editor del periódico y ser despedido. Fin del reportero Leroux y salve al jovencísimo reportero Joseph Joséphin, también llamado Rouletabille por su cabeza pequeña y muy redonda. Su primera aparición será para cubrir la información de un caso criminal enrevesado, *El misterio del cuarto amarillo*, cuyo misterio —el primero de asesinato en una habitación cerrada— acabará por desvelar. Después Rouletabille irá a la Rusia zarista, se enfrentará a una conspiración de gitanos, será cronista de la primera Gran Guerra, etc... y siempre vivirá en sucesivas series folletinescas sus aventuras extrañas, románticas y secretamente alegres.

Porque las novelas por entregas de Gaston

Leroux, llenas de episodios truculentos y enigmas de apariencia sobrenatural, nunca son en última instancia irreversiblemente siniestras. En eso se diferencia de sus admirados Herbert George Wells o Conan Doyle, incluso del mismo Stevenson. Basta comparar *Baloo*, primero estremecedora y luego melancólica historia de una criatura semihumana, con *La isla del doctor Moreau*. O *El sillón embrujado*, sanguinario y divertidísimo relato acerca de un sillón de la Academia cuyos sucesivos ocupantes van siendo asesinados víctimas de una maldición hasta llegar a un académico invulnerable porque no sabe leer ni escribir... Incluso en las fatales desventuras del forzado Chéri-Bibi en su penal late una especie de oscuro júbilo indomable y burlón. Quizá el único personaje de Leroux que nos deje melancólicos sin remedio es Erik, el fantasma de la Ópera, protagonista de la más bella novela jamás escrita sobre el París decimonónico.

Después de Alejandro Dumas, la novela popular en Francia sigue dos líneas principales, la marcada por Gaston Leroux y luego la que inicia Georges Simenon. La una fantástica y jocunda, la otra sobria y pesimista, una que no necesita la esperanza para divertirse y la otra que prescinde cruelmente de ella: ambas excelentes, cada cual a su modo. Gaston Leroux viene secundado por Maurice Leblanc —el creador de Arsenio Lupin— y sin él no habría mucho de lo mejor de MacOrlan, Jean Ray o más recientemente Fred Vargas y Paul Halter. No cabe duda de que Rouletabille es el hermano mayor de Tintin, hasta en su aspecto físico. ¡Lástima que en España no hayamos tenido un Gaston Leroux a su debido tiempo! Eso explica el crónico aburrimiento histórico-costumbrista de nuestra literatura casi hasta hoy mismo: todos los elementos que aquí trascienden el sórdido realismo son importados del extranjero o provienen de la teología.

Durante la Primera Guerra Mundial, una joven enfermera voluntaria inglesa leyó *El misterio del cuarto amarillo* en el dispensario de Torquay en que prestaba sus servicios y comprendió que allí había un nuevo estilo de novela policíaca que iría mas allá de Conan Doyle. Concluida la contienda, publicó en 1920 *El misterioso caso de Styles* y presentó a sus lectores, que luego fueron cientos de millones, a un detective belga de cabeza oval llamado Hércules Poirot... Hoy, en el momento de acabar esta nota sobre un gran maestro del género fantástico, me entero de que ha fallecido a los 92 años el príncipe de los aficionados al mismo: Forrest J (por favor, sin punto detrás) Ackerman, amigo de Lugosi y Karloff, impulsor de revistas, antólogo de cuentos terroríficos, agente literario de Ray Bradbury (a quien descubrió) e Isaac Asimov, coleccionista impar cuya casa-museo en Karloffornia visité hace ya bastantes años. Allí, entre miles de fetiches y recuerdos de la imaginación filmada y escrita, se encontraban los correspondientes a las sucesivas versiones cinematográficas del Fantasma de la Ópera, en el estreno de la primera de las cuales —la de Lon Chaney— estuvo presente el propio Leroux. ¡Buen viaje, Forry, y recuerdos de tu siempre bella *lady from Spain*!

EL JUGLAR DE LA ALEGRE INGLATERRA

*******Breve historia de Inglaterra*, de G. K. Chesterton, trad. de Miguel Temprano, Ed. Acantilado, Barcelona 2005, 250 pags.

Hay cosas en el mundo literario que solo se las puede permitir Chesterton; es más: hay cosas que nosotros, los lectores, solo se las permitimos a Chesterton. Entre ellas, escribir novelas que no son novelas, sino parábolas; escribir biografías que se preocupan poco de lo biográfico y mucho de lo hagiográfico: o escribir un libro de historia sobre un gran país moderno para explicar cuánto ha perdido al dejar de ser medieval. Monumental y jocoso, Chesterton convierte en inesperadas virtudes todo lo que en otros autores estamos convencidos de que son vicios. Es de los pocos a quienes toleramos que no se parezcan a nuestros ideales. No hay escritor más conservador —en muchos casos, desenfadadamente reaccionario— que disfrute de mayor aprecio entre lectores anticonformistas o incluso entre aspirantes a revolucionarios. Y acaso no es ésta la menor paradoja de quien la practicó como (casi) único método epistemológico...

Sin duda, Chesterton no fue gran poeta, ni gran novelista, ni gran ensayista (aunque como articulista resulta literalmente incomparable). ¿Por qué, entonces, sigue siendo importante para nosotros, quienes le leemos sin compartir gran parte de sus belicosas convicciones? Sencillamente, porque es la demostración viviente y *king size* —nunca mejor dicho— del peso del *encanto* en la literatura. Cuanto escribió está tocado por una combinación irresistible de arrobo y picardía que nos pone de su lado, queramos o no, mientras estamos en su compañía. Siempre cerramos sus libros con una sonrisa y un suspiro de satisfacción: hemos hecho ejercicios espirituales y eso es, a fin de cuentas, lo que significa en la más noble de sus acepciones el verbo «leer».

Su *Breve historia de Inglaterra*, ofrecida ahora en nueva traducción y con notas aclaratorias según el buen hacer habitual de El Acantilado, es una auténtica joya de ese inconfundible —y no del todo definible— encanto chestertoniano. Hay en todo el libro una especie de júbilo goliardesco que enlaza perfectamente con el espíritu de esa *Merry England* cuya leyenda defiende a capa y espada. Lo cual no le impide ofrecer síntesis críticas tan clarividentes como pueda serlo cualquier enorme generalización: «La historia de Inglaterra podría resumirse de manera sucinta afirmando que, de los tres términos del lema francés «libertad, igualdad y fraternidad», los ingleses han amado sinceramente el primero y perdido en cambio los otros dos». El propósito de Chesterton es mostrar la importancia radical del cristianismo en la vertebración civilizada del país: la decadencia de su influencia comporta también la decadencia moderna de lo que en él hubo de más popular y sano. Por supuesto, su versión del cristianismo originario no es precisamente conservadora: «El punto crucial de la revolución cristiana se basaba en sostener que el buen gobierno era tan nefasto como el malo.(...). Promulgó una especie de gobierno eterno en torno a una rebelión eterna». De aquí que su reivindicación democrática del medioevo frente a las modernidades parlamentarias consolidadas después no tenga nada que ver con la nostalgia por los señores de horca y cuchillo sino todo lo contrario: «En los países constitucionales modernos no hay prácticamente ninguna institución política surgida así del pueblo: todas son otorgadas al pueblo. Solo una cosa perdura entre nosotros, atenuada y amenazada, pero todavía con cierto poder, como un fantasma de la Edad Media: los sindicatos». ¡Vaya con el reaccionario!

Supongo que bastantes historiadores académicos se escandalizarán ante esta obrita. Su autor no pretende ser *exacto*, sino *sugestivo*. Brinda cauce desvergonzado a sus filias (Irlanda y Francia) así como a sus fobias (¡Alemania!), a sus prejuicios menos racionales y también a sus juicios a veces muy bien razonados. Exige lectores cómplices, pero ésos tienen la fiesta garantizada...

EL VERANO DE SPINOZA

A comienzos de julio leí una nota periodística que supongo pasaría inadvertida para la mayoría, entre tantas otras. El gobierno holandés, en vista de los escasos conocimientos sobre la historia del país de sus estudiantes, ha decidido hacer obligatoria una asignatura en la que se estudiarán los cincuenta sucesos y personajes más relevantes en la conformación actual de los Países Bajos, desde el megalítico y los asentamientos romanos hasta el euro. Entre los personajes que habrán de ser estudiados están previsiblemente Erasmo, Guillermo de Orange... y Spinoza. Pues bien, las escuelas cristianas ya se han apresurado a indicar que prefieren configurar su propia lista de celebridades, destinada a evitar que la fe aparezca como «fuente de conflictos». Y por ello proponen suprimir a Spinoza e incluir en cambio el Concilio Vaticano II y la lucha por la libertad de educación (que culmina según ellos en la apertura de centros católicos y protestantes en 1848, los cuales reciben subvenciones estatales desde 1920).

Se trata de un planteamiento revelador precisamente de la ignorancia histórica que se intenta combatir, porque sin la revolución intelectual encabezada por Spinoza y seguida luego por gente casi tan impía como él no se habría llegado a reconocer derechos como la libertad de enseñanza o la de conciencia, que la Iglesia Católica no admitió por cierto hasta el mencionado Concilio, ya muy avanzado el siglo XX. Pero indica también algo más, la pervivencia inaudita del odio teológico contra Spinoza, que le hostigó durante toda su vida, profanó su tumba luego con injurias y sigue pataleando contra él, aquí y allá, desde hace más de tres siglos. Todavía no hace mucho, los enemigos de Ayaan Hirsi Ali que querían desacreditarla por sus críticas al integrismo islámico la presentaban como «una Spinoza contemporánea». Lo cual pretendía ser un insulto y en realidad constituía un homenaje incluso exagerado a esa mujer valiente.

He disfrutado este verano leyendo un par de buenos libros recientes sobre el gran pensador judío, de origen español pero que gracias a los desvelos de nuestros sempiternos inquisidores nació en Ámsterdam. Se trata de la biografía de Steven Nadler (*Spinoza*, Acento Editorial) y *El hereje y el cortesano*, de Matthew Stewart (Biblioteca Buridán), que cuenta la conflictiva pero íntima relación entre Spinoza y su rival Leibniz, tan opuesto a él en carácter intelectual. Ambas pueden ser útiles no solo para el spinozista devoto, como yo, sino también a los que deseen acercarse a su obra por primera vez. Lo cual inevitablemente me hace recordar mi propia iniciación en la «Ética», durante una visita forzosa a la cárcel de Carabanchel en 1969...

Este pensador solitario y rebelde, tan minuciosamente odiado, basó su filosofía en la fuerza de la razón, la alegría activa de comprender y la necesaria fraternidad de los humanos. Su *Tratado teológico-político* sigue pudiendo ser leído hoy como el mejor bosquejo de lo que ha de significar la tolerancia y la libertad de conciencia en una sociedad democrática... que él adivinó, sin llegar a conocer. Mientras nos agobian en España los rebuznos oscurantistas —clericales unos y otros más profanos— contra la asignatura de Educación para la Ciudadanía, alivia el bochorno estival regresar a este espíritu libre que tanto tiene aún que decirnos precisamente sobre ese tema.

GUILLERMO SOLO

Una compañera de desvelos filosóficos y querida amiga, Celia Amorós, acuñó hace años este apotegma irrefutable: si el amor no es *fou*, no es ni fú ni fá. Estoy seguro de que Guillermo Cabrera Infante lo hubiera suscrito sin dudar: es más, como dicen los franceses, «hubiera aplaudido con las dos manos»... lo cual no deja de ser un exceso de entusiasmo, porque nadie puede aplaudir con una sola mano. ¡Ah, Guillermo, Guillermo el Travieso, Guillermo el Terrible, nuestro Guillermo! Con la más sublevada de las rebeldías —la que guardamos para nuestra propia muerte— sus amigos nos hacemos a la idea de su desaparición; sin embargo, en tanto lectores suyos, la resignación es sencillamente imposible. Por fortuna nunca faltan ni creo que lleguen a faltar los buenos escritores, digan lo que quieran los fastidiosos chantres de la decadencia universal: pero Guillermo el Insólito no era solo un buen escritor sino una voz tan rabiosamente personal que ninguna otra puede sustituirla. Persona se llamó primero a la máscara, pero hoy lo personal es aquello imposible de enmascarar, la máscara sin disfraz. Guillermo el Insustituible es el Hombre Desenmascarado al que seguiremos buscando siempre, tras cada cosa y cada prosa: *sub rosa.*

De modo que esperábamos la novela póstuma de Guillermo con ansia y pánico: como la primera cita de amor. Su preparación editorial corrió a cargo de Miriam Gómez, así que por ese lado todos tranquilos porque no podía haber estado cuidada por mejores manos. Pero ¿y si el arte incompleto, inacabado por la zarpa de la fatalidad, se quedaba a medio camino y del encuentro con esas páginas solo quedaba semisatisfecha la empalagosa nostalgia? Ahora ya hemos salido de dudas para entrar en éxtasis: *La ninfa inconstante* (ed. Galaxia Gutenberg) no es la ninfa decepcionante sino sencillamente Cabrera Infante puro y duro, entero y verdadero. No es algo que se añade a su *corpus* sino uno de los mejores frutos de su *animus*. El loco amor que nada sabe y todo lo busca de la primera juventud, con el retrato magistral de Estela, la adolescente diferente, indiferente, a la que Caín nunca vió reír ni sonreír, siempre seria «con una seriedad tan profunda como solo la he visto en los niños cuando van a llorar».

Reencontrar a Guillermo, solo y verdadero, cuánto gozo. Y su Habana «que parece —aparece— indestructible en el recuerdo: eso la hace inmortal». Para algunos de nosotros, es la única Habana que hay, porque nunca quisimos ir a la otra sin Guillermo: no sin nuestro Guillermo. En cuanto a la dictadura castrista, para saber lo mala que es no hace falta viajar: basta con tratar a quienes entre nosotros simpatizan con ella. He terminado *La ninfa inconstante* en San Sebastián, en pleno Festival de Cine, como aquel que a veces compartimos con Guillermo y Miriam, con Néstor Almendros, con Jose Luis Guarner, con Ricardo Muñoz Suay, con tantos otros y otras. Las ninfas, por inconstantes que sean, nunca mueren pero los demás sí. Vuelvo una y otra vez a este dictamen terrible: «Virgilio se equivocó. El amor no lo conquista todo. El amor no conquista nada. Aún más, la nada lo conquista todo. La nada es omnipotente». Que no, carajo, que no.

LA BRUJERÍA ADOLESCENTE

Si dejamos a un lado las picardías de Lázaro de Tormes, quizá sean Romeo y Julieta los dos primeros adolescentes realmente protagonistas de una inolvidable aventura literaria. Como demuestra también en otras piezas, sin duda a Shakespeare le gustaban los héroes y las heroínas de esa edad, que pueden disfrazarse fácilmente como representantes del sexo opuesto con deliciosa e imberbe ambigüedad. De él probablemente los retomó Charles Dickens en el siglo XIX para la narración juvenil (*young adults* llaman al género los anglosajones) que también los mayores gustan de leer: *Oliver Twist*, *David Copperfield* y luego con más malicia Mark Twain en *Las aventuras de Tom Sawyer* o *Huckleberry Finn*... Pero quien ascendió definitivamente al adolescente hasta el estrellato de la narración aventurera fue Robert Louis Stevenson: *La isla del tesoro* y *La flecha negra* están protagonizadas por muchachos, como también es mozo David Balfour, el mejor de todos, a quien a través de las dos partes de su saga (*Kidnapped* y *Catriona*) vemos crecer y robustecerse en experiencia, incluso madurar (si es que enamorarse significa madurez). Nadie como Stevenson expresó el arrobo de la edad púber, sus vacilaciones al borde del alero de la vida, su gracia desabrida e irresistible, a veces mortífera. Porque en la adolescencia hay algo demoníaco, un ansia de alcanzar forma estable y a la vez conservar la irresponsable ondulación de lo espontáneo, una búsqueda apasionada del amigo adulto que sea la vez padre y tentador...

Después de Stevenson el adolescente se instaló en la novela de aventuras juvenil para quedarse definitivamente, algunos con un toque más humorístico —Guillermo Brown— y otros un poco más aniñados, como los chicos y chicas de Enid Blyton (a quien podríamos considerar la «abuela» de J. K. Rowling y cuyas *Torres de Mallory* tanto recuerdan premonitoriamente al colegio Hogwarts). Yo siento especial debilidad por el más stevensoniano de todos estos epígonos, lamentablemente desconocido en España, Leon Garfield, cuyo *Smith* no hubiera desmerecido en el catálogo del propio RLS. Sin olvidar desde luego a Frodo, Sam y demás compañeros *hobbits*, que son también unos adolescentes raritos hasta cumplir el medio siglo o más de sus envidiablemente largas existencias.

Harry Potter desciende por vía directa de esta ilustre prosapia. Es huérfano, condición que el adolescente siente esencialmente como propia porque la pubertad supone siempre la muerte al menos simbólica de los padres. Pero en su caso los padres han muerto de un modo trágico, que le ha marcado incluso físicamente de modo indeleble, y su asesinato le ha dejado como herencia la sombra de una especie de padre oscuro y siniestro, Lord Voldemort. En tiempos de Dickens, los huérfanos zarandeados por los avatares de la vida y la incomprensión rapaz del mundo tenían en su origen un destino aristocrático o al menos patricio cuyos privilegios tardaban a través de muchas peripecias en recuperar. Harry Potter pertenece a una aristocracia de efectos inmediatos y perturbadores, que lo aisla de sus parientes más zafios y a la vez lo resguarda pero también compromete: es un brujo, un mago *innato*. Su larga historia iniciática le va descubriendo paulatinamente que no está solo en su mundo hechizado, pero que esa compañía a veces puede ser entrañable y otras peligrosa. Volumen tras volumen, su saga se va haciendo menos humorística y pueril para cobrar aspectos ominosos que lo enfrentan con los inevitables dilemas morales de la vida activa: la fidelidad o la renuncia, la solidaridad o el abandono, el compañerismo rutinario o la aspiración a un camino propio que a veces resulta cruel con quienes más amamos... Y al final entrevemos, como no puede ser menos, la conquista del amor y la desolación del amor.

Quizá la tecnología mágica (cuyo encanto algo pueril forma parte sin duda del éxito del personaje) sea innecesaria para arribar a la lección fundamental: que es preciso recurrir a lo que de sobrehumano pueda haber en nosotros para alcanzar con plenitud la modestia de lo humano. Y por esa prueba todos hemos tenido o tendremos que pasar. Hace medio siglo, cuando en Francia apareció una niña prodigio con dotes literarios, Minou Drouet, Jean Cocteau comentó: «Todos los niños son prodigios... menos Minou Drouet». Parafraseándole a la inversa podríamos decir que todos los adolescentes son magos... incluso Harry Potter.

LA JUBILACIÓN DEL NIÑO MAGO

***Harry Potter y las reliquias de la muerte*, trad. Gemma Rovira Ortega, ed. Salamandra.

Por mucho que se enfaden los profesores bienintencionados, los críticos intransigentes, los poetas malditos y Harold Bloom, el público lector cuenta y no poco a la hora de establecer la *eficacia* de un texto literario. No es el único baremo de calidad, porque el público lector (subrayo lo de «lector» para diferenciarlo del simple «comprador» de libros publicitados, que ni es público ni nada) comparte el generoso entusiasmo de los amantes por las adulteraciones, pero sin duda aporta el indicio seguro de alguna cualidad positiva y sobre todo responde al a menudo olvidado propósito final del arte literario y de todo arte: suscitar agrado.

De modo que se equivocan los que abominan de las novelas de Harry Potter por su gran éxito, atribuyéndolo a una mera operación mercantil. Por el contrario, como en otros casos, la operación mercantil es consecuencia del éxito, no su causa. Y hasta diríamos que con tanto *merchandising* termina por enturbiarse lo mejor del producto y hasta por devaluarse, a fuerza de promoción abusiva fuera del campo estricto de la literatura. Las primeras novelas de Harry Potter no les gustaron a los editores, ni mucho menos a los críticos (en el supuesto de que alguno se ocupase de ellas) y dudo de que nadie las recomendase como lectura en los colegios, pero se ganaron a los niños. Su nombradía actual, ya abrumadora, proviene en primer lugar de esos lectores nada fáciles de sobornar, aunque hoy sean muchos otros quienes la rentabilizan. Después de todo, ¿no es el caso de J. K. Rowling lo más parecido a la historia de Cenicienta en el campo editorial? Y si al final, contra toda conspiración de madrastras y hermanastras, la huerfanita a la que daban de lado ha acabado casándose con el deseado Príncipe... ¿basta ese desenlace triunfal para negarle con altivez nuestra simpatía a la pobre afortunada?

Cuando la saga de Harry Potter comenzó a tener seguidores, Rowling anunció que constaría de siete novelas, ni más ni menos. Y aquí está la última entrega. Todo parece indicar que la autora está dispuesta a cumplir su promesa, aunque sin duda no le faltarán jugosas ofertas para que añada nuevos episodios. Un lector que leyese la primera aventura de Potter a los doce años y haya permanecido fiel a todas sus peripecias ahora tendrá ya más de veinte. Las novelas han ido evolucionando también, se han hecho más complejas y maduras, pero el proceso ya no da mucho más de sí. Al principio el tono era más juguetón, voluntariamente humorístico hasta la caricatura y se atenía a la fórmula de colegiales traviesos y emprendedores que acuñó excelentemente Enid Blyton (cuyas *Torres de Mallory* se dejan ver al trasluz en el colegio Hogwarts). También tomaba prestados algunos trucos de la novela policíaca clásica (el más sospechoso nunca es el criminal, etc...) y por supuesto un fondo mágico general deudor —como ha llegado a ser casi obligatorio en nuestros días— de la gran epopeya de Tolkien. En alguna entrevista, Rowling proclama que no logró acabar ni siquiera el segundo tomo de *El Señor de los Anillos*, pero es indudable que lo que alcanzó a leer de la obra le ha sido extraordinariamente fructífero. Albus Dumbledore es un Gandalf menos épico que doméstico, Severus Snape guarda parentesco con Saruman, el oscuro señorío de Voldemort es un malditismo de lo más Sauron, los mortífagos y dementores descienden por vía directa de los Nazgules y los dragones, gigantes bondadosos, centauros, arañas gigantes en bosques encantados, elfos, etc... parecen tener su cuna (o al menos una segunda residencia de veraneo) en la Tierra Media. Sin embargo, pese a todas estas influencias y otras que sería ocioso detallar, la narrativa de Rowling tiene personalidad y sobre todo *gracia* propias: sus personajes son frescos y convincentes, sus enredos argumentales prenden la atención y logra a veces escenas de fuerza casi surreal que recordamos después de haber cerrado el libro. Aún más, ha logrado instrumentar un *crescendo* de interés a lo largo de las siete novelas, que —pese a su extensión también creciente— consigue mantenerse con pocos baches ocasionales.

Pero creo que hace bien en echar el cierre al largo y entretenido cuento, antes de que se vuelva fastidioso. El dramatismo tenebroso de las tres últimas entregas —cada vez más lejano a Enid Blyton y más reconociblemente tolkieniano— se hace difícil de prolongar sin desvirtuar por completo la espontaneidad simpática de los personajes principales. Sería equivalente a convertir a Tintin y Haddock en protagonistas de un cómic estilo *Sin City*... Y no es porque esta última entrega carezca de méritos propios. Aún logra momentos impresionantes, como la expedición a los sótanos del banco de Gringotts, y el asedio de Hogwarts —pese a que su tono épico general es algo confuso y *light*— no deja de estar contado con eficacia. Más difícil todavía: el drama moralizante que subyace en el enfrentamiento final tiene honestidad y cierta riqueza ambigua. Su defensa del mestizaje contra los fanáticos de la sangre «limpia», su vinculación inextricable entre lo peor de la ambición y la energía de la inocencia, incluso su aceptación definitiva de la mortalidad irreversible (cuando tan fácil parecía ceder a la tentación «espiritualista») despiertan simpatía entre los lectores maleados que no renunciamos del todo a una cierta dimensión educativa en la pureza narrativa.

Al final de los finales, los magos crecen, salen de la adolescencia y se convierten en padres y madres de familia, como era de esperar y quizá de temer. Pero seamos sinceros: ¿cabía esperar otra cosa? La edad de los hechizos concluye en la paternidad responsable y el último conjuro, el más difícil y necesario de todos, el irreversible, es el que lanzamos para proteger y bendecir a los hijos que van a seguir viviendo la aventura eterna en nuestro lugar.

LA IRONÍA ESCÉPTICA DE ODO MARQUARD

Lo siento, me resisto a jubilar las obras de consulta de mi biblioteca en pro de wikipedias y similares. No dudo de que «entre todos lo sabemos todo», como señaló Cervantes, pero sigo prefiriendo acudir a mis especialistas en compendios impresos. Sin embargo, este caso es como para hacerle dudar a uno: busco referencias sobre Odo Marquard y no encuentro su nombre en ninguno de los dos diccionarios de filosofía que manejo habitualmente (el de Ferrater Mora, edición ampliada en cuatro volúmenes de 1994, y el editado por Espasa y dirigido por Jacobo Muñoz). Sin embargo Marquard no es un principiante, porque está a punto de cumplir los ochenta años y por lo tanto pertenece a la ilustre generación alemana de los Habermas, Apel, Pöggeler, etc... De modo que ha habido tiempo para enterarse de su existencia... incluso en España. Sobre todo porque su obra es bastante más interesante y desde luego más grata al paladar literario que la de muchos de sus contemporáneos y sucesores. *Rara avis*, Odo Marquard es un filósofo cuya lectura hace realmente disfrutar. Quienes se han resignado a que los filósofos profundos deben ser enmarañados e indigestos y los legibles tienen que ser frívolos, harán bien en leer a Marquard: erudito pero ligero, profundo y divertido, profundamente divertido. Él mismo llama a lo que hace «literatura trascendental». Lo seguro es que dedicándonos a él no perdemos el tiempo ni tampoco —¡gracias, oh dioses!— el buen humor.

Por supuesto, Marquard también ha vivido su parte correspondiente en los padecimientos del siglo XX: en la infancia estuvo recluido en un internado nazi, para después ser movilizado como soldado adolescente y más tarde conocer el cautiverio. Su primer libro de ensayos (el último, si no me equivoco, traducido al castellano), *Las dificultades con la filosofía de la historia*, se inicia con el siguiente lema: «tristesse obligue». Y va dedicado a la memoria de Joachim Ritter, su maestro, bajo cuya dirección estudió filosofía, germanística y teología en Münster y Friburgo. De él dice que aprendió «que percatarse es más importante que deducir; que nadie puede empezar desde el principio, que cada uno tiene que enlazar con lo anterior... que las contradicciones están presentes de una manera más impresionante mediante las personas que por las lecturas, lo cual requiere ser capaz de convivir con puntos de vista extraños y aprender de ellos; que la constelación filosófica más plural es la mejor; además (aprendí) la sensibilidad para lo institucional y sus deberes; y por último, que la experiencia vital es insustituible para la filosofía». Marquard fue catedrático durante treinta años de la universidad de Giessen, de la que actualmente es emérito, y ha sido presidente de la Sociedad General Alemana de Filosofía. Ha recibido por su obra ensayística el premio Sigmund Freud y el premio Ernst Robert Curtius, entre otros galardones.

Odo Marquard hace una filosofía que podíamos denominar minimalista. Sus libros nunca son demasiado extensos y están compuestos por breves ensayos o conferencias, a su vez divididos en porciones aún más concisas. Siempre están precedidas o acompañadas de notas irónicamente deprecatorias de comprensión o benevolencia. Pero sus contenidos también tienden a lo rebajado, el semitono, la demolición irónica de lo altisonante. Eso le opuso desde un principio a la filosofía de la historia que a fines de los sesenta y comienzos de los setenta del pasado siglo obligaba al mundo a marcar el paso del proceso revolucionario. «La filosofía de la historia revolucionaria no es la filosofía del mundo moderno, sino la filosofía del ataque al mundo moderno», sostiene. Y se unió a los que defendían la Republica Federal Alemana contra quienes llevados por su celo transformador la acusaban prácticamente de fascismo, frente a los paraísos del Este o a la utopía en devenir. Incluso diagnosticó certeramente esta batalla truculenta a toro pasado: «con la resistencia a la no-tiranía se pretende suplir la no-resistencia a la tiranía». Dictamen, por cierto, que también puede aplicarse a esa parte de nuestra izquierda que se acomoda prudentemente al fascismo batasunero pero no renuncia al heroísmo de imponerse a título póstumo sobre el franquismo.

De ahí también su apología de lo contingente en un contexto congestionado en el que a toda costa y con todo pretexto se busca el sentido absoluto. Aconseja renunciar a la búsqueda sensacional de sentido, «porque lo que nos saca adelante no es el gran lamento por la pérdida de sentido, sino una reducción de la pretensión excesiva de sentido, una dieta en relación a la expectativa de sentido». Algunas de las grandes palabras, como por ejemplo la de felicidad, deberíamos tomarlas junto al proceso reductor que convierte a su opuesto en el camino necesario del fin buscado: así la infelicidad será la base de lo que nos llegue como feliz, por el mecanismo de compensación sin el cual no hay dicha humanamente inteligible. Este minimalismo no conlleva abandonar las cuestiones esenciales de la filosofía, solo sugiere afrontarlas con la modestia que impone nuestra contingencia o, por decirlo aún más claramente, nuestra mortalidad: «Hay problemas humanos en relación a los cuales sería antihumano (sería un error en el arte de la vida) no tenerlos, y sería sobrehumano (sería un error en el arte de la vida) resolverlos».

Alguna vez Odo Marquard se ha referido a su vocación innata de caballo de Troya pero vacío «porque no lleva dentro una carga secreta de viejos griegos». En cualquier caso, pocos como él saben responder sonriendo a la pregunta entre despectiva y acusatoria de muchos robotizados sobre a qué viene hoy en día, cuando tanto las ciencias adelantan, el empeño de seguir filosofando: «El antiquísimo vicio de los filósofos (su déficit crónico de consenso) se revela una virtud interdisciplinar ultramoderna: sobre todo si lo entendemos como la capacidad de sobrevivir a las confusiones en el diálogo sin perder el ánimo. Los filósofos son útiles también para otras cosas; pues, por cuanto respecta a su jurisdicción, no tienen un coto de caza propio, sino una licencia general de furtivos».

Obras de Odo Marquard publicadas en castellano

Apología de lo contingente, trad. Jorge Navarro Pérez, Institució Alfons el Magnánim, Valencia, 2000.

Adiós a los principios, trad. Enrique Ocaña, Institució Alfons el Magnánim, Valencia, 2000.

Filosofía de la compensación, ed. Paidós, Barcelona, 2001.

Felicidad en la infelicidad, trad. Norberto Espinosa, Katz editores, Buenos Aires, 2006.

Las dificultades con la filosofía de la historia, trad. Enrique Ocaña, ed. Pre-Textos, 2007.

LOS HIJOS DE POE

De pocos autores puede decirse que hayan dado origen a un nuevo género literario, pero a Edgar Allan Poe se le atribuye a justo título la paternidad de dos: el cuento fantástico moderno y la narración detectivesca. Dejemos en esta ocasión a un lado a Dupin y su progenie de sabuesos. Poe introduce en literatura el virus hasta hoy felizmente incurable de una nueva forma de lo macabro y lo espeluznante, elementos ancestrales de los relatos desde que los primeros humanos se sentaron a escucharlos en torno al fuego recién inventado, mientras en la negrura circundante acechaban los tigres de dientes de sable y barritaban los mamuts. Sin duda el autor norteamericano toma algunos ingredientes para su pócima —la comicidad grotesca, los personajes caricaturescos y las visiones opiáceas— del inevitable E.T.A. Hoffmann, pero su receta es absolutamente personal. Para empezar, descarta las concesiones a la superstición, a la leyenda milagrosa y a los demonios de sacristía. Su pánico no viene de fuera sino que nace en el interior descreído del hombre moderno. Como bien aclara en el prefacio de sus *Cuentos grotescos y arabescos* con orgullo de precursor: «Si el terror ha sido el tema de buena parte de mis obras, este terror no proviene de Alemania sino de mi alma».

En sus narraciones lo sobrenatural siempre es la prolongación de lo natural por otros medios: lo que desafía a las leyes de la naturaleza es la subjetividad que las interpreta y quisiera transgredirlas hasta sacudirse su yugo fatal. En la mayor parte de los casos los cuentos están narrados en primera persona para que el lector tenga menos escapatoria cuando llegue lo irremediable. Sus protagonistas llevan dentro de sí una grieta precursora del inminente desastre, como la fachada de la casa Usher. Por esa grieta penetran —o salen— los espectros encarnados del pavor. Pero no hay en dichos relatos concesiones a la vaguedad ni la incoherencia de corte romántico: son artefactos lógicos, de precisión clínica, en los que cada acontecimiento y cada detalle ambiental se encaminan a producir un *efecto* único y traumático. Por eso resultan inolvidables y hasta quienes menos aprecian sus recursos truculentos no pueden ya librarse nunca de lo que les sucedió al encontrarse por vez primera con el corazón delator o cuando conocieron al señor Valdemar.

Es difícil comprimir en pocas líneas la nómina de seguidores que tiene Poe, tanto entre los escritores como primordialmente entre los lectores, aunque naturalmente solo puedo referirme con nombres y apellidos a aquellos. Los primeros estuvieron, por supuesto, en su propio país, como su contemporáneo de origen irlandés Fitz James O'Brien (su impresionante cuento *¿Qué era aquello?* prefigura *El Horla* de Maupassant y las pesadillas de Lovecraft, ambos también discípulos del bostoniano) o Ambrose Bierce, el mejor de todos por su humor macabro y el trato familiar con fantasmas, que solo igualará M. R. James. Después Baudelaire lo importa a Europa y así impregna a los mejores de cada país: Villiers de l'Isle-Adam, Gustavo Adolfo Bécquer (algunas de sus *Leyendas* cuentan entre lo más exquisito del género), Sheridan Le Fanu o el mismísimo Charles Dickens. Quizá el mejor heredero de Poe sea R. L. Stevenson, no solo en la obra maestra *Jekyll y Hyde* sino también en *Olalla* o *Markheim*. Después, Arthur Machen, *El retrato de Dorian Gray* de Oscar Wilde y la lista inacabable de los contemporáneos: Borges, que sigue la línea lógica y cosmológica menos frecuentada, Robert E. Howard (*Palomos del infierno*, *La sombra de la bestia*), Ray Bradbury, Julio Cortázar, Richard Matheson (¡aquella negra maravilla de tres páginas con que se dio a conocer, *Nacido de hombre y mujer*!), Robert Bloch, Jean Ray, Stephen King o buenos autores españoles como Jose María Latorre o Pilar Pedraza... Porque ¿quién de los que ayer o incluso hoy mismo de verdad cuentan no sigue la traza de Poe, es decir su poe-ética?

Lamentamos que su vida fuese breve, como si supiésemos cuánto debe durar la vida de cada cual para realizarse plenamente. Y le compadecemos porque fue desdichado, atendiendo superficialmente a su neurosis, a su pobreza, a la pérdida temprana de su amada Virginia, a su alcoholismo... Demasiada presunción por parte de nosotros, los «felices». ¿Desdichado? Nada sabemos del gozo sombrío de inaugurar esa alameda rigurosa y siniestra por la cual aún transitamos, con la jauría infernal en los talones. Quizá él nos espera, sonriente y verdoso, al otro lado.

LOS SABUESOS OLVIDADOS

Cuando repasé la lista de libros de misterio que un conocido periódico español ha venido ofreciendo en las últimas semanas, sentí una punzada de nostalgia. Salvo un par de ellos, cuyo título no confesaré, ya me los conozco todos: ¡ah, maldita sea, no poder descubrirlos como gratísimas novedades! El peor castigo de quienes hemos leído mucho es que para nosotros hay mucho que ya no podemos leer por primera vez. Después, para consolarme, me dediqué a rememorar las obras de viejos maestros que han caído en el olvido pero que son tan dignas de figurar en cualquier colección del género como las excelentes aquí seleccionadas.

Aclaro que mis predilectas son las novelas de auténtico misterio, las que plantean un caso enigmático en el que hay que averiguar quién es el culpable y cómo se las arregló para cometer el delito, no las denuncias de la violenta sociedad en que vivimos o los análisis posdostoievskianos de las variedades de sordidez psicológica que enriquecen la celebrada diversidad humana. Puede que estas «novelas-problema» resulten demasiado artificiosas y cerebrales para algunos paladares. Pero también el rigor y la exactitud pueden ser formas de voluptuosidad: además, combinan bien con las manifestaciones menos estruendosas del sentido del humor. En nuestra lengua no se han prodigado demasiado este tipo de relatos, aunque recientemente *Los crímenes de Oxford*, del argentino Guillermo Martínez (ed. Planeta), constituya una muy competente y lograda aportación al género.

Sin duda debemos a algunas temibles señoras —temibles por su imaginación, bajo la apariencia plácida y confortable— narraciones de charadas criminales especialmente entretenidas, minuciosas y bien construidas. Por supuesto Agatha Christie ayer y P. D. James en nuestros días son nombres de todos conocidos. Pero me parece injusto que vegete en un (relativo) olvido Dorothy L. Sayers, que fue también traductora de Dante y un ingenio juntamente mordaz y delicado, delicioso de leer. Creo que hay una reedición reciente en castellano de *Los nueve sastres*, novela que una vez escuché celebrar a Sánchez Ferlosio como la menos tramposa de su tipo (es decir, que brinda realmente al lector todos los indicios y datos que pueden llevarle a resolver por sí mismo el misterio que plantea). Por cierto, en *Los nueve sastres* el lector oye campanas pero lo importante no es dónde sino cuándo suenan... Mucho menos recordada todavía está Ngaio Marsh, impronunciable y principesca neozelandesa muy aficionada al teatro y cuyas tramas suelen ambientarse casi siempre entre las bambalinas de alguno. Inventó al inspector Roderick Alleyn, que comparte bastantes rasgos con aquel lord Peter Wimsey que protagoniza los relatos de Dorothy Sayers. Ambos son jóvenes, guapos, de buena familia, irónicos y admirados hasta el embeleso por quienes les frecuentan. Es imposible no imaginar que las escritoras estaban un poco enamoradas de ellos o que los imaginaron para poder enamorarse mejor, lo que en cambio es difícil sospechar que le ocurrió a Agatha Christie con su maniático, petulante y entrañable Hércules Poirot.

Pero a mi juicio las novelas de intriga más

puras y construidas con mayor perfección se las debemos al irlandés Freeman Willis Crofts, que las escribió a comienzos del pasado siglo. En ellas no hay supercriminales ni superdetectives (su protagonista habitual, el inspector French, es tan normal que no parece humano), solo casos enigmáticos de coartadas inatacables que se desvanecen, horarios de trenes que llegan y parten tan obsesivos como espectros o inventarios de almacén que encierran en su monotonía secretos terribles. Todo es exacto y nada resulta altisonante: Crofts fue antes de dedicarse a la literatura ingeniero en jefe de los ferrocarriles británicos y eso imprime carácter. Sus relatos pintorescos a fuerza de renunciar a lo pintoresco y narrados en una suerte de sobrio y lúcido sonambulismo (es algo así como el Robert Walser de la novela policíaca) merecieron la más alta consideración por parte de un autor nada dado al elogio y situado en las antípodas de su temática: Raymond Chandler.

Me temo que no encontrarán ustedes en nuestras librerías *El tonel*, *La tela de araña* ni ninguna otra obra de Freeman Willis Crofts. ¿A que se debe tan radical desconocimiento de alguien celebrado en su día por sus pares como el mejor de todos? Permítanme que les aclare este pequeño misterio. En los relatos de crímenes que hoy más venden lo importante es la magnitud cuantitativa de la matanza, no la habilidad artesana del criminal. El lector no se conforma con menos de un *serial killer*, aunque prefiere si es posible la secta satánica. Todo adobado con grandes citas y personajes ilustres de la cultura de enciclopedia: no sabía Umberto Eco la maldición que iba a traer sobre nuestras cabezas con su estupenda *El nombre de la rosa*. Uno de los rasgos inequívocos de vulgaridad intelectual es el arrobo ante lo confuso y el rechazo de lo complejo. Por eso triunfa universalmente *El código Da Vinci* y nadie se acuerda ya de Freeman Willis Crofts. *Et voila!*, como diría el viejo Poirot...

LOS TENTÁCULOS DE LA MODERNIDAD

> «No me entiendes, no captas... Yo caí en una red, hace ya mucho tiempo... no sabía del mundo... caí, pero me puse cómodo, me instalé en la trampa y hasta viví con ganas, y sufrí muy a gusto».
> (V. M. F., *Los abrazos del pulpo*)

En ciertas cosas he tenido suerte: la fortuna me ha dado amigos de quienes he recibido, además de afecto y compañía, valiosas enseñanzas. Algunos se han convertido para mí, supongo que sin saberlo, en ilustraciones y emblemas de aquellas áreas del espíritu que tengo en barbecho y que son, ay, demasiadas y demasiado extensas. Gracias a su ejemplo y vigilante compañía, no las he desperdiciado del todo. Vicente Molina Foix es uno de los compañeros que vienen conmigo por la vida desde hace más tiempo: un largo trecho de más de cuarenta años, que se inicia en la época universitaria. Y aparte de otras muchas cosas entrañables que no es el caso de consignar, le debo una revelación importante: la pasión por lo *moderno*.

Todas mis aficiones se han escrito siempre con caracteres escasamente vanguardistas. Ya sé que soy moderno como todo el mundo, qué remedio me queda: pero temo haberlo sido a regañadientes. Supongo que de la modernidad puede decirse lo mismo que sostenían los antiguos de la necesidad natural: *volentem ducunt, nolentem trahunt*. Es decir, que a quienes la aceptan les guía y lleva suavemente, mientras que a quienes se resisten a ella les arrastra por las malas. Pertenezco, sin enorgullecerme lo más mínimo de ello, a esta última categoría. Solo me excusa saber que ser con más o menos ingenuidad antimoderno es una de las formas que tenemos de cumplir el destino de la modernidad.

Por el contrario, Vicente siempre ha tenido pasión no solo por la modernidad sino por los aspectos más vanguardistas y rupturistas de ella: en artes plásticas, en teatro, en ópera, en poesía, en cine... Ese carácter experimental, abierto, informe y a veces cacofónico que a mí me impacienta o me aburre (me empeño en buscar coherencia lógica, sentido racional y armonía más o menos clásica en todo, de modo que en ciertos campos no me entero de la misa la media: prefiero lo *kitsch* a la confusión) a él le estimula y le da marcha. Reconozco que muchas veces me ha contagiado su entusiasmo: la vanguardia me resulta más interesante cuando él me la explica o cuando le veo disfrutarla.

Recuerdo especialmente una experiencia compartida a ese respecto, hace ahora más o menos un cuarto de siglo (después de todo, la vanguardia es ya una tradición de nuestra época, como señalaba Octavio Paz). Fue el estreno de *Los abrazos del pulpo*. Se trata de la primera obra teatral de Molina Foix, escrita a finales de 1978, cuando aún residía en Londres, que por entonces era la capital de la movida europea (Carnaby St., etc... y con Vicente dentro todavía más). Es una pieza astuta sobre la astucia, desenfadada y que habla del desenfado, con la transgresión rememorada como argumento y con la audacia como forma. Para mí, con lo paleto que soy, la revelación vertiginosa y enigmática del espíritu del tiempo...

Pero aún más apasionante que el texto resultó para mí su montaje escénico. Equipo de lujo, como suele decirse: *dream team*. Dirigía la genial María Ruiz y los actores fueron Pepe Martín, Julieta Serrano y Lola Gaos, en uno de sus últimos trabajos. Como *guest star* nada menos que Javier Gurruchaga, en la plenitud de sus facultades de histrión y de artista polifacético. Según me han contado, no fui yo el único desconcertado por el vanguardismo de la pieza. En el primer ensayo, la magnífica pero sumamente atrabiliaria Lola Gaos lanzó con gesto fiero el texto sobre la mesa de la directora y gruñó: «¡japonés!». Sin embargo, María se las arregló para que todo fuese como la seda, la seda japonesa.

La representación abundó en momentos memorables, como cuando Javier Gurruchaga cantaba *Stormy Weather* mientras los demás personajes bailaban su vida por el escenario. Por cierto que Javier amenizaba los entreactos como vendedor de artículos de *sex-shop*, improvisando monólogos humorísticos más próximos a la picaresca eterna que a la modernidad vanguardista... Y el conjunto fue extraño, chocante, diferente, como corresponde. Yo disfruté mucho con todos ellos de mi incursión en el lado oscuro, claro, claro, de la modernidad. Fue en la antigua sala Olimpia, luego demolida y borrada del mapa. Y hace, creo que lo he dicho ya, más o menos veinticinco años. ¿Tanto? Pues sí, tanto y tan calvo.

Después Vicente Molina Foix ha escrito y visto representar más teatro suyo, ha dirigido cine, además de continuar con sus insuperables crónicas cinematográficas, su narrativa y tantas otras cosas inventivas y necesarias. Pero para mí, aunque todo va estando ya atrás, hasta la modernidad, los tentáculos de aquel pulpo significan el magnífico y pasmoso enredo del tiempo en que me ha tocado vivir. Y tengo que agradecerle a Vicente que me lo haya acercado de modo seductor y sin rechazo posible: le debo la parte inteligente de mi más torpe desazón.

MI PAZ OS DOY

Según creo, todos los grandes escritores tienen junto a su disfrute público, un uso íntimo y privado. Es también el caso de Octavio Paz, al menos para mí. Gocé con sus poemas y ensayos como cualquiera de su millones de lectores y en mil ocasiones he celebrado junto a los demás los dones que nos regaló su talento. Pero debo agradecerle además otras cosas aún más preciosas y menos compartibles, una suerte de favores particulares de inolvidable importancia en mi vida y en el desarrollo, por modesto que sea, de mi empeño intelectual. Incluso diría más: en cierta forma me divierte suponer que él mismo nunca tuvo cabal conciencia de lo que me otorgó con amable despreocupación cuando era más necesario para mí.

Yo tenía veintidós años y acababa de abandonar tres sucesivos lugares de reclusión: la universidad, la cárcel y el servicio militar. En todos ellos por cierto aprendí algo, aunque solo a la universidad —a pesar de todos los pesares— guardé ganas de volver. Entonces leí *El arco y la lira* de Octavio Paz, que encajaba a la perfección en mis inquietudes: era una reflexión honda y elegante sobre la poesía como pensamiento y el pensamiento como poesía. Lo que siempre he buscado —en Borges, en Antonio Machado, en Yeats, en Cioran, por todas partes— como el más alto y necesario logro intelectual. Me puse a escribir *La filosofía tachada*, torpe y bastante ingenuo acercamiento al tema: cuando me flaqueaba la inspiración (es decir, cada pocas páginas) acudía para inspirarme a *El arco y la lira*. Creo que todo mi librillo está lleno de su influencia y de su empuje.

Después de publicarlo, no sin causar cierto revuelo en la España de finales del franquismo, obtuve el más inesperado y gozoso de los premios: una carta de Octavio Paz elogiando con generosa simpatía mi esfuerzo. Lo he dicho otras veces: para mí fue como una misiva del inalcanzable Espíritu Santo o, para no exagerar, como la visita del ángel que anunció a María que lo mejor estaba aún por llegar. Me sentí tonificado, aunque también es cierto que tenía la feliz desfachatez de una edad en la que puede llegarle a uno el ánimo por todas partes: palabras, tragos o caricias. El caso es que decidí convertir al amable Paz en mi santo tutelar y así seguí por el camino de letras que me había propuesto.

Mantuvimos correspondencia y en cuanto pisé México D.F., pocos años después, corrí a saludarle. He oído decir que Octavio Paz podía ser altanero y hasta despectivo, pero conmigo se comportó desde el primer momento como el más genial y cercano de los compañeros. Supongo que disculpaba como síntomas de incurable puerilidad mis vehemencias, mis despistes y hasta una familiaridad que yo me tomaba y que él nunca me negó, aunque podría en justicia habérmela regateado. Por supuesto, no cesé de leerle: sobre todo en sus ensayos (recuerdo especialmente *Corriente alterna*, *El festín desnudo*, *Conjunciones y disyunciones*...), así como en sus colaboraciones en *Plural* y *Vuelta*. También seguí escrupulosamente sus indicaciones bibliográficas (Kostas Papaionnou, Pierre Clastres, Cornelius Castoriadis, Claude Lefort...) que me ayudaron a escapar del dilema «socialismo o barbarie» sin caer en la trampa del «socialismo *cum* barbarie» en que chapoteaban mientras tanto muchos de mis conocidos y coetáneos.

En una palabra, Octavio Paz fue una de mis tablas de salvación y también un motor para navegar fuera borda y contra corriente. Probablemente cumplió un papel semejante en otras muchas vidas, aunque yo solo puedo testimoniar sobre mi caso. Durante muchos años le consideré no solo como un gran placer intelectual sino sobre todo como un privilegio personal. El mundo lector hace muy bien en celebrar la primera de esas funciones, que por tantos y con tan altos galardones fue reconocida, pero para mí la indispensable fue la segunda. Todos los escritores, especialmente los de una discreta segunda fila como yo, somos un poco criaturas de Frankenstein, compuestos por pedazos tomados de grandes autores muertos o vivos. Pues bien, en mi factura tengo incorporados muchos grandes retazos de Octavio Paz: forma parte de mi visión como intelectual, de mi cerebro independiente y también de mi corazón.

ÍNTIMA, POLÍTICA E IRÓNICA

De vez en cuando, la Academia sueca que concede el Nobel de literatura nos hace una revelación preciosa a los lectores apasionados pero ignorantes: en mi caso, le debo el descubrimiento de Wislawa Szymborska. Desde que en 1996 obtuvo el galardón, no dejo de disfrutar cuanto encuentro suyo en las lenguas que soy capaz de leer. Siempre me parece emocionante y divertida, dos calificativos que seguramente algunos censores severos consideran incompatibles entre sí y con la más alta estatura poética. Para mi gusto, en cambio, se complementan y potencian mutuamente. Lo más trágico de la poesía contemporánea no es lo atroz de la vida que deplora o celebra, sino la falta de sentido del humor de los poetas. De esta frecuente maldición escapa, risueña y agónica, Szymborska: ¿cómo podría uno renunciar a ella?

Carece de retórica enfática pero eso no disminuye su expresividad, sino que la hace más intensa por inesperada. Cuando comenzamos a leer uno de sus diáfanos poemas nos ponemos a favor del viento, para recibir la emoción de cara, pero nos llega por la tangente y no para derribarnos sino para mantenernos en pie. Confirma nuestros temores sin pretender desalentarnos: sabe por experiencia que todo puede ser política pero también nos hace experimentar que la política no lo es todo. Se mantiene fiel, aunque con ironía y hasta con sarcasmo, a la pretendida salvación por la palabra y sin embargo nunca pretende decir la última palabra: porque en ese definitivo miramiento estriba lo que nos salva. Nadie ha sabido conmemorar con menos romanticismo y con mayor eficacia el primer amor, cuya lección inolvidable se debe a no ser ya recordado...

Uno de sus poemas narra —sus poemas siempre *relatan* peripecias compartidas o soñadas— la visita al Himalaya que no llegó a realizar. Cara a cara con el Abominable, le dice: «Yeti, no todas las palabras condenan a muerte». Me lo doy por dicho y seguiré escuchándola.

TRES BRUJAS Y UN RATÓN

Cuando se lo propone, septiembre puede arrebatarle a abril el título de mes más cruel que T. S. Eliot le concedió. Aún rumiaba amargamente la noticia tristísima de la muerte del querido Tony López, el hombre de Tusquets (Beatriz, un beso, muchos besos) cuando me entero del fallecimiento de Carlos Aladro. Con él se va gran parte de los mejores y más fructíferos recuerdos de mi primera juventud.

Carlos Aladro era profesor de primaria en el colegio madrileño del Pilar cuando yo estaba acabando el bachillerato. Pero sobre todo, era un hombre de teatro. Y me contagió su pasión. Formó un grupo de teatro infantil llamado *El ratón del alba* y montaba obras escritas e interpretadas por niños menores de diez años. Como eran muy breves —intensas, dramáticas o cómicas, a veces de una lucidez desconcertante— de vez en cuando yo escribía alguna cosita para completar el programa. Es difícil transmitir ahora el encanto y la categoría artística de aquellas sesiones. Porque los párvulos escritores no eran solo pilaristas, sino que también se incluían piezas de niños del Pozo del Tío Raimundo, cuya alma era todavía por entonces el padre Llanos. El contraste entre las visiones del mundo de unos y otros era una auténtica terapia subversiva en aquellos años finales del franquismo.

Pero también los mayorcitos hicimos teatro bajo la dirección de Carlos: yo debuté con él interpretando —¡Talía me perdone!— el monólogo de Antón Chéjov *Sobre el daño que hace el tabaco* nada menos que en el María Guerrero, en una matinal. Después hicimos Alejandro Casona, Ghelderode, Ugo Betti... Lo importante para mí eran las interminables charlas con Aladro, de cuyos labios oí por vez primera una serie de nombres ilustres y casi sagrados: Stanislawsky, Gordon Craig, Meierhold, Erwin Piscator... Durante un mes de agosto inolvidable, recluidos los dos en un chalet de Torrelodones, preparamos una versión de *Macbeth* que luego se representó en el salón de actos colegial. Pocas veces he sido tan feliz como aquellas tardes en que, al llegar el crepúsculo, imitábamos a las tres brujas y éramos parte de las hermanas fatídicas girando y girando en torno al caldero del irónico destino.

También nos dedicábamos a la revolución incruenta, no se crean. Discutíamos mil estrategias, ideológicas más que lógicas, contra la dictadura y hasta íbamos juntos a las entonces no muy frecuentadas manifestaciones madrileñas del primero de mayo. Muertos de miedo, claro: él, porque si le detenían perdería probablemente su trabajo de maestro, y yo por miedo a perder mis gafas, lo que hacía que me las quitase preventivamente y en las cargas policiales solía correr hacia los grises en lugar de alejarme de ellos... Después, las cosas de la vida. Él volvió a Andalucía, yo seguí los estudios, apenas volvimos a vernos. Supe que había enfermado, que vivía retirado, casi monacal y aunque le hice llegar mensajes de cariño nunca tuve ocasión de ir a visitarle. Una pena, es mi culpa.

Cierto día leí en el periódico que se estrenaba una obra dirigida por Carlos Aladro. Perdonen el tópico, pero me dio un vuelco el corazón. Se trataba de su hijo, claro está, que hoy es un excelente y entregado hombre de teatro. Entonces pensé que yo también soy hijo de

Carlos Aladro: de su ánimo rebelde de perpetuo disidente, de su pasión por la función educativa del arte, de su fervor por la infancia. Al conocer ahora su muerte recordé nuestras risas y nuestro empeño, mientras el tirano acosado blasfemaba contra otro tirano mayor: «el mañana, el mañana, el mañana...». Y tantos perdidos ayeres.

UN ALMA ONDULANTE

Si la semilla no muere, de André Gide, trad. de Luis Echávarri (revisada), ed. Losada, Buenos Aires-Madrid 2002, 348 pags.

Guardo un recuerdo especial de *Si la semilla no muere*. Esta autobiografía que abarca su infancia y primera juventud fue el primer libro de André Gide que leí en mi vida. Yo tenía entonces dieciséis años y utilizaba como guía literaria *a contrario* los volúmenes de *Lecturas buenas y malas* del jesuita Garmendia de Otaola. Cualquier obra que el santo varón desaconsejase vivamente por su inmoralidad me resultaba de inmediato interesante. En el caso de Gide ni siquiera se molestaba en pormenorizar títulos: lanzaba sobre la producción completa del autor dicterios como «abominable», «nefanda», etc...y establecía que toda ella estaba incluida en el *Index Libri Prohibitorum*. De modo que se convirtió de inmediato para mí en objetivo prioritario de caza bibliográfica.

Rebuscando en la librería Aguilar de la calle Goya, mi coto cinegético habitual, encontré por fin este volumen en la antigua edición de Losada. ¡Cuánto le debemos los lectores de mi edad a Losada, como a otras beneméritas editoriales hispanoamericanas que oxigenaron literariamente las estrecheces represivas del franquismo! Desde sus páginas iniciales, donde cuenta precoces aventuras masturbatorias, *Si la semilla no muere* se convirtió para mí en un mórbido objeto de culto. Hasta tal punto que cometí la imprudencia de llevármelo al colegio del Pilar, dónde el profesor de filosofía (más leído que la media y del que por lo demás guardo muy buen recuerdo) me lo incautó al encontrarme haciendo propaganda de él ante otros chicos de la clase. Ni que decir tiene que este bienintencionado secuestro preventivo contribuyó a elevar mi aprecio por la obra y por su autor hasta alcanzar cotas legendarias...

No había vuelto a leer el libro maldito desde hace cuarenta años, a pesar de haber frecuentado tanto el resto de los escritos de Gide. En contra de lo que tantas veces ocurre (el reencuentro con viejos amores literarios o de cualquier otra clase suele proporcionar sobresaltos desoladores) esta segunda lectura me ha resultado no menos grata y creo que mucho más rica que la primera. Incluso diría que, del conjunto de la obra gideana, es una de las piezas que mejor resiste el paso del tiempo y las oscilaciones del gusto literario que tan crueles han sido con otras. Malraux llamó a André Gide «nuestro contemporáneo esencial»: este alto elogio se ha convertido pronto en epitafio, porque nada envejece antes que lo esencial y vocacionalmente «contemporáneo». Hoy la figura humana y la actitud intelectual de Gide nos resultan mucho más cercanas y más sugestivas que sus libros. Las efusiones neonietzscheanas de *Los alimentos terrestres* suenan algo pueriles incluso a quienes las leemos con mayor simpatía; el cientifismo recreativo de *Corydon* impacienta más de lo que persuade y no ayuda demasiado a quienes hoy luchan por la normalización social de la conducta homosexual; sus principales novelas parecen lánguidas e incluso algo ñoñas, en contraste con los escándalos que provocaron antaño. Enrique Vila-Matas, en su espléndida *El mal de Montano*, al referirse a Gide rescata con buen tino *Paludes*, una *nouvelle* de juventud; yo añadiría también a esta ponderación la última que escribió en su ancianidad, *Teseo*. Siguen siendo sin embargo admirables por su integridad ética y política sus impresiones sobre sus viajes a la URSS y al Congo, así como sus reflexiones sobre la justicia penal en Francia.

Pero sin duda lo más vivo de esa amplia herencia literaria para el lector actual son los escritos autobiográficos. Nuestra época indiscreta y ávida de confidencias se reconoce en su vocación casi maniática de íntimo desvelamiento, que oscila con inigualable sabiduría narcisista entre lo pudoroso y lo desvergonzado. Su torrencial diario fascina en conjunto, aunque el interés de las anotaciones sea desigual y a veces merezca las maliciosas críticas que le hizo Roger Caillois: consignar sin más *Cena con Jean Paulhan. Interesante conversación*, dejando al lector la tarea de envidiarle la buena compañía, resulta a veces un tanto irritante. Pero ¡qué permanente sensación nos trasmite de encontrarnos en compañía de un espíritu siempre alerta, perplejo entre las solicitaciones del rigor ascético y la sensualidad, que ocasión de conocer por dentro un «alma ondulante» como habría dicho su querido Montaigne!

Es el nacimiento y juvenil desarrollo de ese alma —su *encarnación* progresiva, en el sentido más propio del término— lo que nos cuenta *Si la semilla no muere* con extraordinaria delicadeza de matices y sentido de la evocación. Describe su marco familiar de patricios que se resisten a serlo con ostentación, su educación en un jansenismo protestante centrado en el mérito del esfuerzo y de la renuncia (contra el que se rebelará en vano toda su vida, pues nunca le faltará el sentido de culpa como llaga que acicatea cualquier delicia), sus primeras amistades y juegos, sus desvaídos estudios que contrastan con su pasión por la biología y por la música, hasta llegar a sus encuentros iniciáticos con Pierre Louys y Oscar Wilde, coronado el conjunto por el hallazgo en el norte de África del erotismo gozoso. El relato acaba a finales de la primera juventud, pero puede ser complementado —a parte, naturalmente, de con su diario— por su conmovedora despedida literaria *Así sea*, concluida horas antes de su muerte.

Todo ello apoyado conscientemente en el don del estilo: «Quisiera —anota en su diario, 1912— que nadie reparara en mí más que por la perfección de mi frase y que, solamente a causa de ello, nadie pudiera imitarla». En realidad su habilidad no es tan idiosincrásica como pretende, sino más bien la perfección de un modo clásico que lleva a su más elevada cima moderna, «la fusión de la sequedad analítica y la emoción musical que es generalmente considerada como la expresión más alta de la lengua francesa», tal como señala Pierre Lepape en su imprescindible biografía *André Gide, el mensajero*. Puesto que el «genio» de la lengua castellana es sin duda diferente, de aquí provienen las dificultades que ofrece traducir a este autor pese a su engañosa y nítida sencillez. Y también es Lepape quien mejor comprende el sentido de esas ondulaciones anímicas que desconciertan a otros: «Cuando se le reprocha haber expresado, a veces con pocos días de intervalo, ideas contrarias, no comprende el reproche: es como si le reprochasen haber tenido un amante rubio y otro moreno. La importancia de una idea depende de la alegría y la energía que puede daros, por un momento, para avanzar; nunca de su contenido». Tal sigue siendo el núcleo incorruptible de la fuerza literaria de sus mejores logros, los que el tiempo aún no ha logrado mellar.

UN FILÓSOFO EXPATRIADO

Como es bien sabido, algunos importantes pensadores españoles debieron exiliarse tras la guerra civil para huir de la dictadura franquista. Habían producido ya obras notables y tenían una reputación más o menos asentada. Después, en el exilio (mayoritariamente iberoamericano), alcanzaron la plenitud de su tarea intelectual mientras colaboraban decisivamente en el desarrollo académico de sus países de acogida: es el caso de Juan David García Bacca, José Gaos, Eduardo Nicol, José Ferrater Mora, etc... Sus nombres eran ya conocidos por los estudiosos españoles y fueron recuperados con todo merecimiento más tarde, a finales del régimen dictatorial.

Pero la aventura de otros, de una generación posterior, fue distinta. Se fueron también de España, pero para huir de la universidad chata y agobiante, clerical, de los años cuarenta. Buscaron a sus mayores exiliados en América y junto a ellos terminaron allí sus estudios. Después ejercieron su propio magisterio y escribieron una obra que, en la mayoría de los casos, no fue conocida en España ni en su momento ni siquiera bastante después. Tal es el caso del madrileño Juan Nuño (1927-1995), expatriado a Venezuela, en cuya Universidad Central realizó una tarea ingente en el campo de la filosofía antigua, de la lógica y de la filosofía de la ciencia. Nuño escribió mucho, con fuerza y claridad: no solo sobre temas estrictamente filosóficos sino también sobre cuestiones de actualidad, sociales y políticas. Algunos de sus mejores libros son desde hace poco accesibles de nuevo al lector español, gracias a los inteligentes desvelos de su hija Ana Nuño.

Mencionaré mis tres favoritos. En primer lugar, desde luego, el primero de los suyos que leí: *La filosofía en Borges* (ed. Reverso). De los muchos acercamientos entre Borges y la filosofía que conozco es sin duda el mejor, por la detallada perspicacia con que desentraña el uso poético y nada académico que el maestro argentino hizo de los grandes temas del pensamiento occidental: el infinito, la identidad personal, el tiempo, etc... Sin duda Nuño debió ser un excelente profesor y esa vocación se hace patente en una obra relativamente primeriza, *El pensamiento de Platón* (ed. FCE), que estuvo durante mucho tiempo descatalogada, lo que la hizo alcanzar entre los *cognoscenti* cierto estatuto legendario. No es fácil condensar en un libro breve los principales temas platónicos, sobre todo si se hace con verdadera precisión y cierta razonable originalidad en el enfoque. Nuño lo consigue de manera notable y subraya adecuadamente la vocación antropológica y política de Platón, a cuyo servicio puso el griego su imaginación metafísica... y no al revés, como a menudo parece suponerse.

Pero quizá la obra más personal y madura de Juan Nuño es su reflexión sobre *Los mitos filosóficos* (ed. Reverso). Se trata nada menos que de una revisión general de toda la aventura filosófica occidental, organizada de modo intemporal de acuerdo con cinco grandes enfoques sapienciales que el autor denomina «mitos», quizá en nombre de aquella famosa definición de Valéry: «mito es lo que existe y subsiste solamente a causa de la palabra». Esos cinco modelos en que se encuadran todas las filosofías (el narcisista de la salvación personal, el de la revelación clarividente e inspirada de lo más oculto, el que desentraña la totalidad y el destino, el que prohíbe las transgresiones intelectuales y vigila los límites del saber, el que pone la filosofía al servicio de la teología o de la ciencia) sirven como referencia tanto del pasado como de la combinatoria especulativa en el futuro. El reiterado anuncio de la muerte de la filosofía suele ser en realidad señal de un cambio de mito filosófico, el traslado a otra figura del tarot de la sabiduría porque, como bien dice Nuño, «contra lo que puedan pensar progresistas y sistemáticos, los auténticos problemas filosóficos ni siquiera se disuelven: reaparecen, vuelven a plantearse». Y ello porque es más fuerte el atractivo de los interrogantes que el catálogo de posibles respuestas.

UNA VOZ ÚNICA

***La perra de Alejandría*, de Pilar Pedraza, ed. Valdemar, Madrid 2003, 254 pags.

Los aficionados españoles a la literatura fantástica somos hoy exogámicos por necesidad: entre los autores de casa, el menú casi siempre es fundamentalmente realista, costumbrista las más de las veces, como mucho exótico en la ambientación aunque concienzudamente apegado a lo verificable. Tenemos escritores excelentes y regulares, pero hasta los más raros suelen ser bastante corrientes en la temática que les ocupa. De vez en cuando se da una excepción, como *Olvidado rey Gudú* de Ana María Matute o las más recientes novelas de Andrés Ibáñez. Y, desde luego, Pilar Pedraza. ¡Ah, los dioses lovecraftianos aprietan y sin miramientos ahogan, pero nunca nos abandonan del todo! A los amantes hispánicos de los trastornos góticos modernizados y las fantasías macabras sin brida ni bocado siempre nos quedará Pilar Pedraza. No es fácil encontrarla, porque la rehuyen por igual el atocinamiento crónico de gran parte de la crítica literaria y el escaparate de las listas de *best-sellers*. Pero, una vez que se la ha encontrado, aún resulta más difícil librarse de ella. Es una voz única y que por tanto entre sus admiradores —apúntenme en esa lista— crea auténtica adicción.

Profesora de Historia del Arte en la Universidad de Valencia, Pilar Pedraza ha estudiado y traducido obras clásicas del renacimiento y el barroco (por ejemplo el *Sueño de Polifilo*) y cuenta en su haber ensayos sobre la imagen de la mujer a través de la historia así como monografías sobre directores cinematográficos: Dreyer, Fritz Lang, Fellini... Tiene publicadas ya siete novelas repartidas entre Tusquets y Valdemar, así como un volumen de cuentos en esta última editorial —*Arcano trece*— que recomiendo a quien desee iniciarse en su obra. Son relatos de un vigor y de una intensidad inusuales, que mezclan en sus argumentos los mitos terroríficos tradicionales con sobresaltos inequívocamente propios del equivocado camino que seguimos los modernos. Todo ello en un estilo satinado, en el que lo suntuoso y culterano se vitamina de vez en cuando con astutos vulgarismos. Advierto para ser leal (y reforzar la tentación) que *Arcano trece* no es manjar para todos los paladares y sublevará a los estómagos delicados que digieren sin problemas los holocaustos televisados pero se convulsionan ante efectos fúnebres del arte literario.

La última novela de Pilar Pedraza, *La perra de Alejandría*, se ambienta en dicha ciudad mediterránea y precisamente en los primeros años de la era cristiana, cuando el auge de la nueva creencia amenazaba con su intransigencia fervorosa el batiburrillo ecléctico de filosofías y cultos que se refugiaron a la sombra ilustre de la gran biblioteca. El complejo relato contiene un crimen pero no tiene nada que ver con esas narraciones policíacas ambientadas en el pasado que se han puesto de moda al rebufo del éxito justificado de *El nombre de la rosa*: para entendernos, *La perra de Alejandría* guarda mayor parentesco con el Flaubert de *Salambó* (y hasta con *Las tentaciones de San Antonio*, venerable varón que tiene una estupenda aparición en el texto) que con las modestas fabricaciones de Lindsay Davies. Las celebraciones dionisíacas desafían un equilibrio político imposible entre el pasado misterioso y el porvenir exterminador: los sabios de la época convulsa meditan en pórticos y salas de disección hasta después de muertos, acosados por dioses desastrados obligados por las circunstancias adversas a comportarse ya como demonios. Y, como en tantas otras historias de Pilar Pedraza, una niña harapienta y enigmática se convierte en mensajera más o menos atroz de lo indecible... Abundan los personajes vigorosos y ambiguos, los horrores mezclados con ráfagas de una ternura que bien puede ser solo el último efecto de una ironía tenebrosa. En fin, otro regalo insólito de una escritora que siempre sabe dejarnos relamiéndonos por lo conseguido y a la vez hambrientos de lo que sin duda vendrá.

EL ENIGMA TINTÍN

Durante las primeras semanas de este año han coincidido en París dos exposiciones dedicadas a sendas manifestaciones de cultura popular ligadas al cómic: una está protagonizada por Walt Disney y sus películas de animación, la otra por Hergé y su criatura universal, Tintín. ¡Disney, Hergé! Vigas maestras del ya hace tanto tiempo derrumbado palacio de mi infancia: pero sobre todo Tintín, más que nada y más que nadie. Además de los mayores placeres ligados a la aventura de la imaginación, la más alta y duradera de todas, le debo a Tintín un regalo maravilloso: con sus álbumes aprendí a leer en francés, lo cual ha sido siempre para mí una gran fuente de alegrías añadidas al enorme gozo de la lectura. Y también gracias a él —es decir, a mi afán por poseer cuanto antes sus historias en cuanto aparecían— me decidí a chapurrear en la lengua de Voltaire, ya que mi madre ponía como requisito para comprármelas en alguna librería de Biarritz o Hendaya que yo mismo se las pidiera al dependiente en francés. Y por hacerme con *Objetivo: la luna* o *El tesoro de Rackam el Rojo* estaba dispuesto a vencer mi timidez y hablar en chino, si hacía falta...

La exposición del Centro Pompidou dedicada a Hergé (es decir, a Tintín y su mundo, porque no hay otro Hergé que valga) es gratuita: la mañana que yo fui, recién inaugurado el año, había que guardar una cola interminable para entrar. La formaban padres fervientes de mediana edad o algo más jóvenes, procedentes de múltiples países, acarreando niños que en su mayoría no tenían aspecto demasiado entusiasta. Resultaba evidente que en esa devoción contaba más la nostalgia de los mayores que la afición de los pequeños. Mientras aguardaba turno, me pregunté por el misterioso embrujo que las aventuras de Tintín han ejercido sobre varias generaciones y que probablemente ahora ya se va desvaneciendo en un mero interés cultural.

Porque el hechizo ha sido potente, sin duda. Tintín no contó con el respaldo de la primera gran industria cinematográfica de dibujos animados, como los personajes de Walt Disney, cuya popularidad omnipresente es más fácil de justificar aunque su impacto a largo plazo en las vidas de los aficionados nunca ha sido tan determinante como la del personaje de Hergé. Desde luego, otros héroes de cómic como Superman, Batman o Spiderman se han ganado adhesiones duraderas —reforzadas por las películas que en los últimos tiempos han vuelto a popularizarlos masivamente— y sin embargo no creo que jamás hayan logrado penetrar en la vida de nadie como lo hicieron Tintín, sus amigos y sus enemigos... al menos entre el público europeo. Sobre todo, de forma tan duradera: los devotos de Tintín envejecemos pero no le abandonamos... Con medios más modestos, sin el apoyo cinematógrafico (que solo llegó mucho más tarde y nunca fue gran cosa para su mito), Tintín *abdució* a niños y adolescentes durante más de medio siglo. Sus lectores de esa gran y larga época hemos crecido, pero seguimos prisioneros. Mientras esperaba el momento de entrar al ya venerable Pompidou para pasearme entre ampliaciones de viñetas, portadas amarillentas de *Le Petit Vingtième* y vociferaciones del capitán Haddock escritas en el suelo, me pregunté por qué. ¿Cómo logró apoderarse tanto de nuestras almas?

La respuesta no es fácil, al menos para mí. Tintín es asexuado y formal (lo que más detesto en el mundo), la trama de sus historias es convencional, su ideología resulta francamente conservadora, abunda en puerilidades pretendidamente humorísticas, etc... Y sin embargo, siempre *funciona*. Sus viñetas forman un universo paralelo, un minucioso espejismo al que uno puede irse a vivir por un rato o quizá íntimamente para siempre. Es otro mundo, a salvo del tiempo y de la muerte, dónde la ambición cruel fracasa y la amistad siempre obtiene recompensa. Tintín sale de Bruselas pero pronto su patria es el mundo, el movimiento del viaje: se instala en el castillo de Moulinsart, cuyo mayor atractivo es no estar en ninguna parte, para mejor irse a cualquier sitio, cuanto más lejos mejor. El planeta se le queda pequeño, como a cualquiera de nosotros: y a pesar de todo, sabemos que para ser feliz nunca hubiera necesitado salir de casa. En fin, no lo comprendo: me posee pero no logro descifrar el enigma de Tintín.

EL ANHELO DE AVENTURA

*******El ancla de la Esperanza*, de Pierre Mac Orlan, trad. Juan Manuel Ibeas, Ikusager ediciones, Vitoria 2005. 237 pags.

A lo largo de la historia de la literatura, algunas obras célebres han dado lugar a una progenie de *remakes* más o menos afortunados. En ciertos casos, la recreación se inspira solo remota o irónicamente en el original: así la *Odisea* de Homero ha podido apadrinar retoños tan dispares como la *Eneida* virgiliana o el *Ulises* de Joyce. En ocasiones repite el mismo relato, logrando sin embargo algo mucho más enriquecedor que la mera reiteración del efecto, como en las por igual admirables *La cruzada de los niños* de Marcel Schwob y *Las puertas del paraíso* de Jerzy Andrzejewski. Pero otras veces propone una variante sutil que no se desvía del argumento inaugural más que para comprenderlo mejor. Es el caso de la novela *El ancla de la esperanza*, que a poco más de medio siglo de su modelo toma de nuevo unos personajes y un decorado bastante semejantes a los de *La isla del tesoro* de Robert Louis Stevenson, para combinarlos en una peripecia engañosamente paralela y radicalmente diversa en el fondo. Y, lo más importante, que *también* es una obra maestra, como la del narrador escocés.

«Los auténticos viajes son ésos que solo los niños pueden emprender» aseguró una vez Pierre Mac Orlan, mucho antes de escribir esta novela. A diferencia del adolescente inglés Jim Hawkins, que zarpó hacia la isla de los piratas y en ella vivió aventuras y conquistó un tesoro suficientes para colmar toda una vida, el joven bretón Yves-Marie Morgat nunca logrará realmente salir de Brest ni embarcar en el «Rosa de Savannah» o cualquier otro de los navíos legendarios que inflamaban su imaginación. Pero su aventura será no menos intensa, porque consistirá en el anhelo de aventura, en el proyecto que siempre parece a punto de alcanzarse y se aleja cuando ya lo tocan los dedos emocionados del alma. Es otra forma de viajar y de correr unos riesgos de los que se vuelve finalmente transformado, maduro, desengañado quizás. Al Petit Morgat no le faltarán en cualquier caso tentaciones peligrosas, la compañía de un mentor fascinante que le robará para siempre de la simple rutina familiar y le propiciará una lección ambigüa, terrible, en la que chocarán de manera irreversible la moral de la amistad y la moral de la ley. También Mac Orlan, como Stevenson, deja en la última página a su protagonista asomado al vértigo del futuro, de esa imprevisible vida adulta de la que solo sabemos con certeza que será una larga convalecencia de su peripecia juvenil.

Hay que agradecer a la editorial Ikusager (que ya ha publicado otra joya de Mac Orlan, *El canto de la tripulación*) la oportunidad que brinda al lector en castellano de enriquecerse con esta novela sin la que considero incompleta cualquier biblioteca de la narración *entrañable*. Se trata de una edición muy bien presentada, que cuenta con «bonos» interesantes, como los mejores DVDs. En primer lugar, un estudio introductorio del insustituible Francis

Lacassin, a quien tanto debemos los aficionados a la narrativa fantástica y popular, no solo como promotor de los mejores autores del género sino como teórico del mismo (recuerdo su estupendo libro sobre Tarzán, *El caballero crispado*). En este prólogo leemos aseveraciones memorables: «Lo propio de los héroes concebidos para la juventud es que compaginan su pasión por el riesgo con la que sienten por las confituras». Además, la edición incluye el prefacio del propio Mac Orlan para la edición de 1947. Es preciosa, aunque yo recomendaría al lector entrar en ella *después* de acabar la novela porque revela una clave sobre la identidad de uno de los protagonistas no precisamente «misteriosa», pero que me parece preferible como lector llegar a descubrir por mí mismo.

Mi única (quizá caprichosa) objeción se refiere a la traducción del título. La obra original se llama *L'Ancre de Miséricorde* y el muy competente traductor decide verter ese nombre como *El Ancla de la Esperanza*, lo que supongo que según él corresponde al sentido marinero de esa herramienta. Puede que sí... aunque a mi juicio no del todo. La misericordia no es un sinónimo de la esperanza, sino aquello en lo único que confiamos cuando ya no esperamos nada. Creo que la novela de Mac Orlan trata precisamente de éso. Aunque quizá solo sean cosas mías...

EL AMIGO MONTAIGNE

**Ensayos I* de Michel de Montaigne. Introducción, traducción y notas de Marie-José Lemarchand, ed. Gredos, Madrid 2005, 479 pags.

Sin duda, el éxito y la permanente vigencia de Montaigne a lo largo de los siglos tienen algo de enigmático: no es un clásico como los demás, autor de un libro venerado y por tanto intimidador cuyo renombre nadie pone en tela de juicio pero que solo los estudiosos siguen frecuentando. No, Montaigne siempre ha gozado de la complicidad entusiasta de muchísimos lectores que por lo demás no muestran ninguna afición especial a los grandes monumentos literarios: para ellos, Montaigne es algo familiar y próximo, una voz reconocible entre todas tanto cuando discute como cuando gasta bromas, en una palabra... un amigo. Por otros autores sentimos respeto o admiración, por Montaigne sentimos amistad. Quizá ningún otro escritor se ha ganado tantos amigos desde que firmó su obra y no es detalle menor que dos de los primeros se llamasen Cervantes y Shakespeare.

Lo que Montaigne ofrece al lector no es la solidez de una doctrina acabada ni tampoco el ejemplo moralmente edificante de una conducta digna de imitación, sino más bien *compañía*: la cercanía inteligente de alguien que comparte con nosotros perplejidades, descubrimientos y hasta caprichos. La espontaneidad de su reflexión no proviene de sus lecturas clásicas sino de una curiosidad que peregrina incansable entre los temas que le brinda la cotidianidad: «Para un buen aprendizaje todo lo que se presenta ante nuestros ojos puede servir de libro y sobra como tal: la malicia de un paje, las tonterías de un criado, un comentario en la mesa son otras tantas asignaturas». De tal modo que lo mejor de sus «ensayos» (entendido este nombre en su día chocante en el sentido de «intentos» o aún «experimentos» como hubiera querido fray Diego de Cisneros) no se debe a la deliberación que traza el plan de trabajo sino a la divagación afortunada que aparta de él: «no me encuentro donde me busco; me encuentro mejor tropezándome casualmente que buscando e inquiriendo con mi juicio». El asunto que le sirve de punto de partida —y que determinará el título, a menudo engañoso, de la disertación— es lo de menos: cualquier puerta es buena para entrar en un jardín de senderos que incesantemente se bifurcan y ninguno de los cuales desemboca en la roca sólida de la certeza: «El primer argumento que Fortuna me ofrezca, lo retomo: todos me parecen igual de buenos. Nunca intento exponerlos enteros porque no alcanzo a ver el todo de nada: tampoco lo hacen los que prometen hacérnoslo ver. Entre las cien partes y las cien caras que tiene cada cosa solo escojo una: a veces, solo para tocarla con un lametazo; otras, con la yema de los dedos y puede que la pinche hasta el hueso. Le doy un puntazo, no muy ancho, pero lo más profundo que pueda. Lo que más me gusta es cogerla desde un punto de vista distinto.(...). Sembrando una palabra aquí, allí otra, muestras arrancadas a la pieza original, apartadas sin intención ni promesa, no me veo obligado a acertar, y tampoco a aferrarme a mi postura sin tener ocasión de variarla cuando me apetezca: puedo entregarme a la duda y la incertidumbre o a mi horma preferida, es decir, la ignorancia». Y todo ello servido con un estilo lo más parecido posible a la charla de un grato compañero, a veces sutil y otras directo hasta lo procaz: nada que ver con la elocuencia de la arenga o el sermón: «El habla que me gusta es un habla natural y sencilla, tal sobre el papel como en los labios; un habla suculenta y nerviosa, corta y apretada, no tan delicada y peinada como vehemente y brusca».

Tal es la voz de Montaigne, adictiva y amistosa. Como ocurre con otras amistades, no siempre ni mucho menos compartimos sus puntos de vista más personales: a veces nos irrita con sus arbitrariedades o prejuicios, otras nos azora con la confidencia de alguna debilidad. A ratos olvidamos lo antigua que ya es su franqueza moderna y de pronto un párrafo nos lo aleja varios siglos... Pero si nunca cansa es porque «todo lo hace con alegría», como él mismo dijo. ¿Qué otro sería capaz de escribir un ensayo titulado «Que filosofar es aprender a morir» para decirnos. «En la virtud misma —digan lo que digan— la meta última de nuestro empeño es el placer. A quienes tanto les disgusta, a mí, ¡sí me gusta golpearles el oído con esta palabra!»? ¿O quien sino él denostaría a los que ofrecen la filosofía como algo inaccesible y ceñudo para los niños, cuando «no hay nada más alegre, más gallardo, más jovial, yo diría divertido y juguetón»? Tómate una copa conmigo, Michel: de blanco o de tinto (también sobre sus preferencias sucesivas en este terreno se explaya en algún sitio).

Esta voz inconfundible, insustituible, nos la ofrece con la mayor galanura y propiedad Marie-José Lemarchand en su nueva traducción de los *Ensayos*. Una versión sumamente legible, que no retrocede ante actualizaciones necesarias («echar un polvo», etc...), competentemente anotada y presentada por Gredos en una edición de muy grato manejo, porque no debe olvidarse que este es un libro para leer y releer. Apenas me atrevería a hacer alguna objeción, desde mi profanidad filológica: no me convence el cambio del título del admirable ensayo *De l'amitié* por «De los afectos», diga lo que diga el sabio M. A. Screech, porque es de la amistad y no solo ni mucho menos en el sentido griego de *philia* de lo que en él habla el autor. Pero que tal minucia no empañe el contento de releer este libro, porque «lo más grande de este mundo es saber estar con uno mismo» y para ello nada mejor que acompañarse del amigo Montaigne.

EL ACERO DE LA PROSA

****Esplendor y nada*, de Félix de Azúa, ed. Lector, Barcelona 2006, 278 pags.**

Los peores sibaritas de la glotonería en la edad clásica aspiraban a tener el gaznate alargado como el de las grullas, para disfrutar más tiempo del resbalar hacia adentro del bocado delicioso; pero juntamente querrían deglutirlo y digerirlo en un instante, pues así podrían devorar otra vez con ansia renovada. A menudo los lectores nos encontramos ante una paradoja similar cuando se trata de nuestros autores preferidos: quisiéramos que su lectura durase siempre, imborrable, y a la vez nos gustaría olvidarlos de inmediato para poder leerlos de nuevo como si fuera la primera vez. Una amiga de mi madre había llegado a la conclusión —que juzgo bien fundada— de que la felicidad consistía en inaugurar cada semana una novela de Agatha Christie. Lo malo es que la gran dama del crimen había escrito solo treinta y dos antes de morir y la amiga de mi madre ya las había leído todas. Pero la gradual amnesia de la edad vino en su ayuda: al terminar de leer la última, comprobó que ya no recordaba la primera, es decir, que podía leerla como si estuviese recién escrita. Así lo hizo y continuó con toda la serie hasta llegar de nuevo a la última, que por entonces tampoco recordaba y disfrutó como antes. Después volvió a empezar y así la conocí, dichosa en su noria policíaca.

Me llevé uno de los grandes disgustos de mi vida de lector cuando Félix de Azúa interrumpió su colaboración como columnista en la última página de *El País* —disgusto ahora mitigado en parte desde que sigo su blog en *El boomeran(g)*—. De modo que pienso hacer con este volumen que antologiza sus colaboraciones lo mismo que la señora antes mencionada hizo con Poirot y Miss Marple: voy a releer cada día una de ellas hasta llegar al final y luego comenzaré por el principio, esperando que —Alzheimer mediante— las disfrutaré una y otra vez como primicias. Azúa es sin duda uno de los dos o tres mejores articulistas de la prensa española actual (también es otras cosas, poeta, novelista, pero atengámonos a lo que aquí interesa). Y no solo porque escribe realmente bien, es decir sin la faramalla casticista y altisonante en la que incurren los escritores oficialmente «buenos» (por lo general estomagantes, incluso lo son ocasionalmente algunos de los mejores según el criterio de Azúa y el mío, como Benet o Ferlosio). Tampoco solo por su ingenio y por su humor, pues el ingenio y el humor son cualidades estupendas salvo en aquellos que pretenden exhibirlas a toda costa porque carecen de otras. Y ni siquiera primordialmente por su cultura, por su familiaridad con lo que merece conocerse del pasado y del presente en artes o letras, aunque en nuestro habitual panorama de ocurrentes semi-cultos y de severos dómines atorrantes (que demuestran saberlo todo menos para que diablos vale saber algo) un escritor en quien la tradición clásica y renovada es fermento de espíritu activo resulta de lo más tonificante.

Además de estas cualidades, las columnas de Azúa tienen un toque especial, lo que en francés llamarían *panache*: un alegre y vistoso desenfado, una simpática petulancia. Incluso cuando es más pesimista y negativo —¡mira que puede llegar a serlo!— vibra en el acero de su prosa una carcajada contenida, un tonificante «¡y aun así, tampoco importa demasiado!» que quizá se le escapa hasta cuando se cree de peor humor. Critica desde la ferocidad de la vida, no desde la mustia aniquilación. Por encima de todo, sin embargo, lo que algunos de sus incondicionales más valoramos es algo que él finge no buscar (en el prólogo asegura «lo que persigo, en todo caso, es el placer mismo del ejercicio literario, no el del enunciado verdadero, que es otro tipo de placer muy distinto y de superior intensidad»). Borges señaló un rasgo de las humoradas y paradojas de Oscar Wilde que puede escapar a sus admiradores: que Wilde casi siempre tiene razón. Deslumbrados por la brillantez del estilo (sabido es que en nuestro país elogiar la brillantez de un escritor suele equivaler a poner en duda su exactitud o veracidad) y por la advertencia liminal del propio autor, algunos lectores posmodernos quizá no aprecien lo que en cambio para quienes estamos chapados a la antigua es fundamental: que en muchas ocasiones su juego literario descubre una verdad, olvidada o incómoda. Si no me equivoco, este propicio milagro ocurre más cuando afronta temas políticos o sociales que cuando se recrea en la estética, campo en el que se siente tan feliz que no sabe renunciar a ningún capricho o exageración.

Quien escribe sabe bien que no es capaz de ninguna página perfecta, pero los lectores tenemos la ventaja de poder hallarlas en los demás: así me ocurre a mí en este libro, al leer *Verano*, *Amor* o *Hermanos*. Seguramente otros lectores avisados sabrán encontrar otras. La nueva editorial que inicia su andadura publicando este libro no podría haberse ganado mejor nuestra gratitud.

DOS VECES CAMPEÓN

A pesar de que sir Arthur Conan Doyle fue un gran entusiasta de los deportes (hay una foto suya corriendo emocionado a recibir al vencedor en la maratón de los juegos de Londres, puro *Carros de fuego*) y de lo inglés, las carreras de caballos solo aparecen en un relato de Sherlock Holmes, *Silver Blaze*. La historia es estupenda, una de las mejores de la saga —¿se puede decir más?— pero revela claramente la ignorancia supina del maestro en lo referente a los modos y ritos del *turf*. Todos los detalles circunstanciales son erróneos o inverosímiles: los aficionados al misterio y al hipódromo disfrutamos agradecidos el cuento, pero a cada paso murmuramos entre dientes «no, hombre, éso no, así no pudo ser». Y nos quedamos con las ganas de una narración que junte la excelencia en la intriga con una razonable exactitud del ambiente hípico.

No se trata, por supuesto, de algo imposible de lograr. Lo consiguió Rudyard Kipling en su magnífico *The Broken Link Handicap*, y también ocasionalmente Lord Dunsany, Edgar Wallace, Damon Runyon, Ellery Queen o Leslie Charteris... por nombrar solo algunos de los más célebres, al menos en el ámbito literario anglosajón. Pero sin duda el rey indiscutible de este subgénero que combina el relato policíaco con el mundillo de las carreras de caballos ha sido Dick Francis, que acaba de morir a punto de cumplir noventa años. Escribió cuarenta y dos novelas (la última de ellas apareció el pasado septiembre) y un libro de relatos, manteniéndose siempre fiel a los estereotipos del *thriller* —enigma, violencia, emoción y algo de sexo, aunque nunca con flatulencias perversoides— pero también a la descripción fidedigna del *turf*, tanto en sus aspectos legales y codificados como en sus oscuras transgresiones. A veces alguna de sus tramas flojea o resulta demasiado convencional —aunque las tiene magistrales— pero en cambio el realismo de la ambientación no se permite fallos. Y los títulos son casi siempre términos del lenguaje turfístico (*Forfeit, Dead Cert, Trial Run, Longshot, Odds Against, Flying Finish, Under Orders, Silks...*) que la mayoría de las veces pierden su gracia específica en las traducciones.

Dick Francis tuvo varias vidas, lo cual es una gran suerte a no dudar, y además no le fue nada mal en ninguna de ellas, lo cual es suerte todavía mayor. Fue piloto de la RAF durante la gran contienda mundial y mereció condecoraciones; después se hizo jinete en carreras de obstáculos (como ya lo fue su padre) y llegó a ser uno de los mejores, proclamándose campeón de la especialidad en la temporada 1953-1954. Precisamente ese año comenzó a montar para la Reina Madre y con uno de sus caballos tuvo lugar el más misterioso y decisivo suceso de su vida: se llamaba *Devon Loch* y partió favorito para el Grand National de Aintree en 1956, prueba que ni la augusta dueña ni su jockey habían ganado antes. *Devon Loch* franqueó el último obstáculo en cabeza, con una cómoda ventaja sobre el resto de los participantes, y cuando su victoria parecía ya indiscutible cayó al suelo despatarrado sin ninguna causa aparente, derribando a Francis. El animal se recuperó inmediatamente, pero no antes de haber sido rebasado por algunos de sus adversarios. Hubo explicaciones del incidente para todos los gustos: la de Francis es la más original y casi romántica, porque según él fue el ensordecedor griterío del público al ver que la querida Reina Madre iba a alzarse con la victoria lo que derribó atontado al pobre caballo. Sea como fuere, al año siguiente Dick Francis sufrió otro grave accidente en la pista y decidió abandonar definitivamente la competición.

El enigma nunca resuelto de *Devon Loch* marcó el principio del fin de su carrera como jockey pero urdir y destejer otros misterios fue su nueva vocación, la que había de concederle mayor celebridad. El mismo año de su retirada publicó su autobiografía, *Sport of Queens*, que recibió una amable acogida entre los aficionados. Podría haber sido un punto final, pero poco después volvió a reincidir en la literatura aunque ahora con un *thriller*, *Dead Cert*. También fue bien recibido y cada uno de sus libros sucesivos —al ritmo aproximado de uno por año— multiplicó el número de lectores, hasta convertirse en un auténtico y permanente fenómeno editorial. Dejó de ser algo simpático y pintoresco —un *jockey* escritor— para proclamarse uno de los indiscutibles y más populares autores del género. Por cierto: su antigua patrona, la Reina Madre, fue mientras vivió la primera y más entusiasta lectora de todas sus obras.

Las novelas de Francis nunca son tramas de pura intriga, ni le interesan los cuartos cerrados y los crímenes familiares: son novelas de acción, al aire libre, llenas de peligros y aventuras. Gran parte de su encanto reside en sus protagonistas, que varían de libro a libro (solo uno de ellos, el ex —jockey manco Sid Halley metido a detective aparece en cuatro historias) y ejercen oficios diversos aunque compartiendo rasgos comunes: nobleza, tenacidad, resistencia al sufrimiento y lo que Orwell llamó *common decency*. No destacan por capacidades intelectuales extraordinarias, como Sherlock Holmes o Hércules Poirot, sino por su fidelidad a virtudes pasadas de moda en un mundo generalmente corrupto y ambicioso. Son personas corrientes pero difíciles de doblegar con amenazas y chantajes. También la mayoría de los personajes secundarios de sus tramas —salvo quizá los malvados, que suelen serlo con ahínco— están dibujados con realismo y cotidianidad... tanto si son hombres como mujeres, lo cual no suele ser frecuente en este tipo de cuentos. Siempre hay algo en sus obras de *fa-*

miliar y creíble, mas allá de las razonables extravagancias de las peripecias que ocurren: se puede hablar de cierto idealismo, porque a menudo son duras pero nunca descorazonadoras.

Precisamente estas virtudes suscitaron sospechas sobre su autoría. Podemos aceptar que un jinete campeón escriba libros, pero no que también se convierta en campeón de narradores... ¿Cómo es posible que Francis, que abandonó los estudios a los 15 años sin especial calificación, haya desarrollado en su madurez una tan notable eficacia literaria? Graham Lord, en una biografía no autorizada del jockey novelista, resuelve a su modo el enigma (el segundo gran enigma en la vida de Francis, después de la caída de *Devon Loch*): la principal o quizá única autora de las novelas fue su mujer Mary, licenciada en letras y de reconocida devoción por ellas. A comienzos del presente siglo, la fiel Mary murió tras más de cincuenta años de complicidad matrimonial. Durante más de un lustro Dick Francis guardó silencio literario, que dada su avanzada edad muchos supusimos definitivo. Pero después volvió a publicar hasta otras cuatro novelas (la primera de ellas dedicada a la memoria de Mary) aunque contando con la colaboración de su hijo Felix, que ya llevaba más de una década como auxiliar de documentación para sus relatos. Son obras ni mejores ni peores que la media del resto de su producción, de modo que cada cual puede sacar las conclusiones maliciosas o exculpatorias que desee al respecto.

Los amantes del *turf* sentimos cierta ambigüedad a la hora de valorar el impacto de las novelas de Francis en la promoción de nuestro deporte favorito. Por una parte, es indudable que difundió su imagen entre millones de lectores y les familiarizó con nuestros ritos y mitos, con lugares de culto y los momentos de arrebatada emoción que en ellos solemos vivir. Por otro lado, confirmó la leyenda negra de que es un juego minado por las manipulaciones de estafadores y bandoleros, donde a menudo nada ocurre como manda la ley. Este último efecto perverso es inevitable, dado el género de sus relatos: el cuento detectivesco exige delitos y también Agatha Christie nos ha acostumbrado a mirar cada simpático *cottage* inglés como posible nido de los peores y más insospechados crímenes. Por lo menos, los infractores siempre encuentran gente honrada que se opone a sus fechorías y al final triunfa la rectitud... dentro de lo posible. Es curioso que algunas veces sus novelas parecen haber dado ideas a los delincuentes: por ejemplo, en una de las mejores —*Blood Sport*— plantea un rapto de sementales en Kentucky similar a lo que fue más tarde en Irlanda el triste destino del gran *Shergar* a manos de los terroristas del IRA. Sea como fuere, los aficionados disfrutamos con Francis: hasta en sus novelas más desangeladas nos encontramos resignadamente a gusto, en nuestro ambiente, como lo estamos en el hipódromo incluso en esas jornadas que menos estímulos ofrecen a la pasión.

Dijo de sí mismo: «Mi epitafio será: *aquí yace el hombre que no ganó el Grand National*». Bueno, Dick, es que resulta más económico poner en la lápida lo que no hiciste que todo lo que lograste. Imagínate si no el tamaño de la losa que se necesitaría: «Aquí yace el hombre que pilotó *Spitfires* y *Hurricanes* en la gran batalla por Inglaterra, el que ganó cientos de carreras en Cheltenham, Aintree o Bangor-on-Dee (era tu hipódromo favorito), el que recibió el premio Edgar Allan Poe y la Cartier Diamond Dagger de la Asociación de Escritores de misterio por sus novelas, que fueron leídas por millones de entusiastas...». ¿Qué más quieres? Por mi parte, sabiendo que pasaste casi toda tu vida entre caballos y libros, solo puedo tributarte un homenaje: gozas de toda mi envidia.

DESPEDIDA

«Vuelvo a cerrar este libro interminable, antimateria de todos los libros. Alzo la vista. Todos los árboles son más bellos, todas las flores más resplandecientes, la infancia está allá, los colores, los olores, el tacto, los sonidos, las hojas, el bosque, el agua, el aire. El problema solo puede llegar a través del uso absurdo que los humanos hacen de sí mismos. No se aman, son psicológicos y sociales, peor para ellos».

(Philippe Sollers, *Sade en el tiempo*)

«¿Qué siglos futuros? ¡Ya no hay futuro!, murmuran. ¡No seremos juzgados! Pues sí que lo seréis, canallas, ¡aún cuando extendáis la barbarie hasta tal punto que un día nadie sepa leer ni escribir! Todavía quedarán algunos. Atravesarán con la única fuerza de la música la oscura noche de la muerte».

(Philippe Sollers, *Sade contra el Ser Supremo*)

ÍNDICE

Presentación 11

Aguirre o la amabilidad de Dios 15
A favor de la filosofía 19
¡Al diablo con la ciencia! 23
Al servicio de la revolución 29
Dos cabalgan juntos 33
Carta a Albert Camus 41
Almanaques 47
Antibárbaros 51
Aprendiendo del enemigo 55
Baby Business 61
Las arenas de Marte 65
Elogio (cauteloso) del *best-seller* 69
Breve encuentro 73
Claudio Magris 79
Conquistar la inmortalidad 89
De profundis 93
Desconsolado éxtasis 97
Diminuendo 101

Educación y tolerancia 105
La educación irremediable 119
La educación liberal 127
El extraño caso del señor Schopenhauer ... 131
Sobre *El filósofo ignorante* de Voltaire 137
El folletinista prodigioso 143
El juglar de la Alegre Inglaterra 149
El verano de Spinoza 153
Guillermo solo 157
La brujería adolescente 161
La jubilación del niño mago 165
La ironía escéptica de Odo Marquard 171
Los hijos de Poe 177
Los sabuesos olvidados 181
Los tentáculos de la modernidad 187
Mi Paz os doy 193
Íntima, política e irónica 197
Tres brujas y un ratón 199
Un alma ondulante 203
Un filósofo expatriado 209
Una voz única 213
El enigma Tintín 217
El anhelo de aventura 221
El amigo Montaigne 227
El acero de la prosa 233
Dos veces campeón 239

Despedida 249